Patrick Hartmann

Komponentenbibliotheken für Videokonferenzen

ActiveX im Vergleich zu anderen Technologien

Bibliografische Information der Deutschen Nationalbibliothek:

Bibliografische Information der Deutschen Nationalbibliothek: Die Deutsche Bibliothek verzeichnet diese Publikation in der Deutschen Nationalbibliografie; detaillierte bibliografische Daten sind im Internet über http://dnb.d-nb.de/ abrufbar.

Copyright © 1997 Diplom.de
Druck und Bindung: Books on Demand GmbH, Norderstedt Germany
ISBN: 9783838606866

https://www.diplom.de/document/216614

Patrick Hartmann

Komponentenbibliotheken für Videokonferenzen

ActiveX im Vergleich zu anderen Technologien

Diplom.de

Patrick Hartmann

Komponentenbibliotheken
für Videokonferenzen
ActiveX im Vergleich zu anderen Technologien

Diplomarbeit
an der Universität Hannover
Dezember 1997 Abgabe

Diplomarbeiten Agentur
Dipl. Kfm. Dipl. Hdl. Björn Bedey
Dipl. Wi.-Ing. Martin Haschke
und Guido Meyer GbR

Hermannstal 119 k
22119 Hamburg

agentur@diplom.de
www.diplom.de

ID 686

ID 686

Hartmann, Patrick: Komponentenbibliotheken für Videokonferenzen: ActiveX im Vergleich zu anderen Technologien / Patrick Hartmann · Hamburg: Diplomarbeiten Agentur, 1998
Zugl.: Hannover, Universität, Diplom, 1997

Dipl. Kfm. Dipl. Hdl. Björn Bedey, Dipl. Wi.-Ing. Martin Haschke & Guido Meyer GbR
Diplomarbeiten Agentur, http://www.diplom.de, Hamburg
Printed in Germany

Diplomarbeiten Agentur

Wissensquellen gewinnbringend nutzen

Qualität, Praxisrelevanz und Aktualität zeichnen unsere Studien aus. Wir bieten Ihnen im Auftrag unserer Autorinnen und Autoren Wirtschaftsstudien und wissenschaftliche Abschlussarbeiten – Dissertationen, Diplomarbeiten, Magisterarbeiten, Staatsexamensarbeiten und Studienarbeiten zum Kauf. Sie wurden an deutschen Universitäten, Fachhochschulen, Akademien oder vergleichbaren Institutionen der Europäischen Union geschrieben. Der Notendurchschnitt liegt bei 1,5.

Wettbewerbsvorteile verschaffen – Vergleichen Sie den Preis unserer Studien mit den Honoraren externer Berater. Um dieses Wissen selbst zusammenzutragen, müssten Sie viel Zeit und Geld aufbringen.

http://www.diplom.de bietet Ihnen unser vollständiges Lieferprogramm mit mehreren tausend Studien im Internet. Neben dem Online-Katalog und der Online-Suchmaschine für Ihre Recherche steht Ihnen auch eine Online-Bestellfunktion zur Verfügung. Inhaltliche Zusammenfassungen und Inhaltsverzeichnisse zu jeder Studie sind im Internet einsehbar.

Individueller Service – Gerne senden wir Ihnen auch unseren Papierkatalog zu. Bitte fordern Sie Ihr individuelles Exemplar bei uns an. Für Fragen, Anregungen und individuelle Anfragen stehen wir Ihnen gerne zur Verfügung. Wir freuen uns auf eine gute Zusammenarbeit

Ihr Team der *Diplomarbeiten* Agentur

Dipl. Kfm. Dipl. Hdl. Björn Bedey –
Dipl. Wi.-Ing. Martin Haschke ——
und Guido Meyer GbR ————

Hermannstal 119 k ————
22119 Hamburg ———

Fon: 040 / 655 99 20 ————
Fax: 040 / 655 99 222 ————

agentur@diplom.de ————
www.diplom.de ————

Danksagung

Hiermit möchte ich mich bei folgenden Personen bedanken, die durch unterstützende Kommentare zu dem Gelingen dieser Diplomarbeit beigetragen haben.

Prof. Dr.-techn. W. Nejdl
  Institut für Rechnergestützte Wissensverarbeitung, Universität Hannover

Dipl.-Ing. M. Wolpers
  Institut für Rechnergestützte Wissensverarbeitung, Universität Hannover

Dipl.-Ing. R. Meissner
  SICAN GmbH, Hannover

Dipl.-Ing. H. Naumann
  SICAN GmbH, Hannover

Dipl.-Ing. A. Geist
  SICAN GmbH, Hannover

A. Spohr
  NetMatic Internet/Intranet Solution GmbH, Hamburg

cand. phil. T. Tenbrink
  Hannover

Patrick Hartmann

Hiermit erkläre ich, daß ich diese Arbeit selbständig verfaßt und keine anderen als die angegebenen Quellen und Hilfsmittel verwendet habe.

Hannover, im Dezember 1997

Zusammenfassung

Diese Diplomarbeit wurde extern bei der Firma SICAN in Hannover erstellt. Es wurde eine Möglichkeit zur Verbesserung der Softwareherstellung innerhalb dieser Firma gesucht. Dabei wurden verschiede Ansätze von Komponentensoftware miteinander verglichen und bewertet. Im Rahmen dieser Arbeit wurde das ActiveX- Komponententechnologiekonzept als Basis für weitere Softwareentwicklung ausgewählt und am Beispiel einer vorhandenen Softwarebibliothek angewendet. Diese Bibliothek kann nun unabhängig von der Programmiersprache in beliebigen Entwicklungsumgebungen eingesetzt werden. Schließlich wurde eine Beispielanwendung entwickelt, die in dem InternetExplorer der Firma Microsoft eine Videokonferenz ermöglicht. Es wurde damit ein neues Konzept der Softwareentwicklung demonstriert für das der Begriff des "erfahrenen Anwenders" zentral ist.

1 Einleitung und Entwicklungsziel

Durch immer komplexere Anforderungen der Anwender und deren Wunsch nach immer umfangreicheren Funktionen der Computer steht die Softwareindustrie vor einem entscheidenden Wendepunkt. Dieser Wendepunkt ist vergleichbar mit dem Übergang von diskreten Transistoren zu integrierten Schaltkreisen (IC) der Mikroelektronik. Den wesentlichen Vorteil, den die Hardwareindustrie aus der Einführung von ICs zog, war die Verfügbarkeit von fertigen Modulen, fertigen Komponenten, die eine wohldefinierte Teilfunktion kapselten und dadurch in daraus zusammengesetzten Systemen eine konsequente Strukturierung bewirkten, die erst die Konstruktion und Beherrschung äußerst komplexer mikroelektronischer Systeme ermöglichte. Auf der jeweils höheren Ebene war es nicht mehr erforderlich, die interne Struktur der eingesetzten Module zu kennen. Erst durch diese Abstraktion von der untersten 'Transistorebene' zu höheren logischen Ebenen, wurde die rapide Entwicklung der Mikroelektronik möglich. Bei der Softwareproduktion ist ein vergleichbarer Prozeß noch nicht vollzogen worden. Seit kurzem stehen neue Softwarekonzepte bereit, diesen einzuleiten. Ähnlich den ICs der Hardwareindustrie, werden die neuen Module der Softwareindustrie auch als Komponenten bezeichnet.

Thema dieser Arbeit ist Komponentensoftware, ihre Entstehung, ihre heutigen Möglichkeiten und ihre Eigenschaften. Im Laufe dieser Arbeit wurde zudem ein spezielles Konzept für Komponentensoftware ausgewählt und in eine bestehende Softwarestruktur eingebettet.

Am Beispiel von Microsofts ActiveX- Konzept wurde die Basisbibliothek der Firma SICAN zur Bedienung ihrer Videokonferenzhardware in die Komponentensoftwarestruktur integriert. Es wurde untersucht, wie eine möglichst anwenderspezifische und rationelle Erstellung von Software durch Komponentensoftware erfolgen kann.

Da bei der Firma SICAN und deren Abteilung für hochwertige Videokonferenzen viele wiederkehrende Grundfunktionen gefordert sind, ist die Verwendung von Komponentensoftware besonders wünschenswert. Den Wünschen der Kunden nach selbstdefiniertem und speziellem Aussehen der Software kann so schneller entsprochen werden.

Durch Programmierbarkeit der Komponenten innerhalb eines scriptfähigen Webbrowsers wird dieses Ziel der anwenderspezifischen Oberflächengestaltung auf einfachste Graphik- Ebene verlagert, so daß erfahrene Anwender (Designer oder Programmierer der Kunden) später selber das Aussehen der Applikation bestimmen können. Der Lieferant der Komponenten kann sich dadurch auf die Erstellung der Schnittstellen konzentrieren und braucht zudem nicht die Preisgabe von programminternen Geheimnissen zu befürchten. Die sehr zeitraubenden Details der Oberflächengestaltung bleiben beim Kunden. Als zusätzlichen Vorteil wird sich in der Zukunft auch die Beschleunigung der Komponentenfertigung ergeben, wenn Komponenten wieder aus Komponenten entwickelt werden.

Konkretes Ergebnis dieser Arbeit soll eine Videokonferenz innerhalb eines Webbrowsers sein, da dies, auch mit Hinblick auf kommende Windows- Versionen, eine der meistbenutzten Mensch/Maschine-Schnittstelle sein wird.

1.1 Struktur der Arbeit

Nach der Einleitung beschäftigt sich das zweite Kapitel mit vorhandener Komponentensoftware und deren Geschichte. Dabei wird reproduktiv auch auf Einzelheiten bei deren Architektur eingegangen. Hierbei wird das grundlegende Verständnis für Komponentensoftwarekonzepte gelegt. Das vierte Kapitel baut auf diesem Wissen auf und vertieft dieses analysierend mit Blick auf die Aufgabenstellung.

Das dritte Kapitel zeigt auf, um welche Technologien es sich bei der Firma SICAN handelt, für die ein Komponentensoftwarekonzept ausgewählt werden soll. Hierbei wird die Hardware des Hauptprodukts und dessen verwendete Übertragungsverfahren vorgestellt, um schließlich über dessen Software zu den gewünschten Zielvorstellungen zu gelangen. Hierbei wird bezug auf die Aufgabenstellung genommen und die Ausgangsbasis vorgestellt, auf welche die Analyse und später die Planung und Implementation aufbaut.

Das vierte Kapitel analysiert die vorgestellten Komponentensoftwarekonzepte hinsichtlich deren Integration in die bestehende Soft- und Hardwareumgebung. Hierbei werden im ersten Teil des Kapitels wichtige Komponenten ausgewählter Konzepte mit Blick auf deren späteren Einsatz untersucht. Der zweite Teil des vierten Kapitels endet mit einem praktischen Vergleich von vier ausgewählten Konzepten, in denen ein Beispiel den Umgang mit den entsprechenden Technologien aufzeigen soll. Anschließend wird innerhalb einer Diskussion ein Komponentensoftwarekonzept ausgewählt. In diesem Kapitel wird das Wissen von Kapitel zwei verwendet um damit, und mit dem Hintergrund der Ausgangsbasis, die Planung und Implementation einzuleiten.

Das fünfte Kapitel evaluiert eine Vorgehensweise und eine Struktur für das ausgewählte Technologiekonzept, um es für die spezielle Anwendung, eine Videokonferenz in einem Browser, anzupassen. Hier wird außerdem eine eventuelle Erweiterung für künftige Entwicklungen und die verschiedenen Realisierungsmöglichkeiten in Betracht gezogen.

Das sechste Kapitel beschäftigt sich mit der Spezifikation der Implementation. Hierbei wird speziell auf die Anpassung der Schnittstellen an bestehende Software eingegangen.

Im siebten Kapitel wird schließlich die Umsetzung der Applikation mit der ausgewählten Technologie beschrieben. Hieran schließt sich eine Beschreibung des fertigen Prototypen und dessen Demonstration an. Kapitel fünf, sechs und sieben setzen damit die gesammelten Erfahrungen aus den vorangegangenen Kapiteln um.

Im achten Kapitel wird über Verbesserungsmöglichkeiten und deren Umsetzung gesprochen. Weiterhin wird hier die Bedienung und die weitere Verwendungsmöglichkeit der erstellten Software erläutert.

Kapitel neun stellt die Ergebnisse dieser Diplomarbeit dar.

Abschließend wird in Kapitel zehn ein Ausblick gegeben, in dem mögliche Entwicklungsrichtungen für Komponentensoftware angedacht werden. Zudem erläutert dieses Kapitel die Verwendung von Komponenten in der Zukunft und wie sie den Programmierberuf verändern werden. Die Kapitel acht, neun und zehn sind damit eine direkte Fortführung der Gedankengänge der vorangegangenen Kapitel.

Danach schließt diese Diplomarbeit mit einer Zusammenfassung, welche das Thema Komponentensoftware und die Ergebnisse dieser Arbeit insgesamt betrachten.

Abbildung 1 stellt die Übersicht über die Gesamtstruktur und die logischen Zusammenhänge der Kapitel dieser Arbeit graphisch dar.

Abbildung 1: Struktur der Diplomarbeit

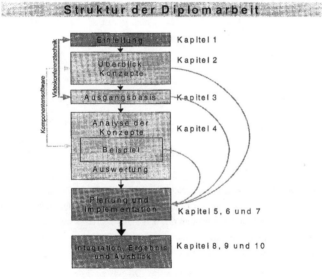

2 Komponentensoftware Konzepte - ein Überblick

Mit dem Beginn der 90er Jahre verzeichnete die Software- Industrie massive Umsatzrückgänge [Chap]. Ihre Software mutierte zu Mammutprojekten, und nur wenige neue Applikationen erschienen auf dem Markt. Fast jede komplexe Anwendung stand in Konkurrenz mit Programmen ähnlicher Funktion aus dem eigenen Softwarehaus: So konnte eine Textverarbeitung Tabellen erstellen, diese mit Daten mittels einer Eingabemaske füllen und dann die passende Graphik dazu erzeugen. Dies waren bisher Aufgaben von speziellen Programmen. Diese Überladung von Funktionen, ausgelöst von einem Softwarehersteller, bewirkte bei einem anderen, daß er ähnliche Funktionalitäten in seine Programme integrieren mußte.

Bald schon bemerkten die Hersteller, daß eigentlich jedes Programm alles können müßte und die damit immer komplexer werdenden Programme mit den damals verwendeten Methodik der Softwareentwicklung nicht mehr beherrschbar waren. Dieses Problem führte schließlich zu dem Umdenken, nicht mehr die Anwendung in den Mittelpunkt zu stellen, sondern das Dokument an sich. In diesem Zusammenhang wurde der Begriff Verbunddokument eingeführt.

2.1 Verbunddokument und Komponenten

Ein Verbunddokument beinhaltet verschiedene Datentypen (z.B. Text, Graphik, Datenbankfelder), die in einer oder mehreren Datendateien abgelegt sind und mit Hilfe mehrerer, den Datentypen zugeordneten Softwareapplikationen eingelesen, bearbeitet, dargestellt und eventuell editiert und gespeichert werden können [Schw96].

Eine Verbunddokumentarchitektur erlaubt es, verschiedene Einheiten in ein Dokument zu integrieren. So können nicht nur verschiedene Datenformate in demselben Dokument angezeigt werden ('What you see is what you get'), sondern diese auch an Ort und Stelle bearbeitet werden. Es sieht für den Anwender dann so aus, als würde er immer nur mit demselben Programm arbeiten, wobei sich aber die Menüs oder/und auch Werkzeugleisten kontextsensitiv anpassen.

Microsoft Corp. hat mit seiner OLE 1.0 Technik 1991 [MSDN] als einer der ersten Entwickler diesen Weg beschritten. Erst später folgten Apples OpenDoc und NeXTs OpenObject. Durch den neuen Denkansatz versuchten die Softwarehersteller, bestehende Komponenten aus ihren Entwicklungsbibliotheken derartig in Dokumente einzubinden, daß ein Textprogramm nicht mehr eine eigene Tabellenverwaltung verwendet, sondern Teile eines Tabellenkalkulationsprogramms benutzt.

Diese Integration führte zu dem Begriff Komponentensoftware. Unter Komponentensoftware wird häufig Software verstanden, die sich in binärer Form mit anderen Komponenten anderer Hersteller leicht zusammenfügen läßt. Eine Definition existiert nicht, aber weitere Eigenschaften von Komponentensoftware lassen sich erkennen. So sollte ein Komponentensoftwarekonzept einen Mechanismus zum Austausch einer Komponente durch eine ähnliche ermöglichen. Weiterhin muß die Verwendung dieser Komponenten einfach sein. Dieses kann durch standardisierte Eigenschaften oder Schnittstellen erreicht werden. Die Realisierung von Komponentensoftware variiert stark und wird in den folgenden Kapiteln näher erläutert.

2.2 Objektorientierung

Um weiterhin bestehende Softwarestrukturen nutzen zu können, müssen künftige Komponentensoftwaretechnologiekonzepte Objektorientierung unterstützen. Deshalb werden hier zunächst die wichtigsten Begriffe von Objektorientierung und Komponentensoftware eingeführt. [InsC++] [MSDN] [Strou] [Lafore] [RRZN]

Objekt

Ein Objekt kann jede Art von Entität darstellen, so z.B. eine Person, ein Boot oder ein Dokument.

Ein Objekt im Sinne der Softwareentwicklungsmethodik kombiniert 'sowohl Daten als auch die Funktionen, die mit diesen Daten arbeiten'[Lafore]. Objekte wurden bisher als die Lösung für eine übersichtliche und strukturierte Programmierung angesehen. Auch bei Komponentensoftware sind Objekte wichtig, nur daß hier Objekte weitere Eigenschaften besitzen können.

Operationen beziehen sich auf das Objekt und führen bestimmte Aufgaben wie das Ermitteln des Geburtstages einer Person aus. Alle Operationen, die mit einem Objekt verknüpft sind, charakterisieren die Eigenschaften des Objekts.

Klassen und Typen

Eine Klasse ist ein Sprachelement objektorientierter Programmiersprachen, welches benutzt wird, um modulare, wartbare Software zu entwickeln.

Objekte werden als Instanzen von Klassen erzeugt: so ist eine Klasse als eine Vorlage für die Objekterzeugung anzusehen. Eine Klassen charakterisiert die Eigenschaften der aus ihr abgeleiteten Instanzen durch Beschreiben der Operationen, die auf dieses Objekt angewandt werden können. Zwischen Klassen können Beziehungen bestehen. Beziehungen werden durch Supertypen und Subtypen definiert, dies entspricht den Basisklassen und abgeleiteten Klassen in C++.

Variablen und Funktionen einer Klasse werden 'Member~' genannt.

Vererbung

Vererbung teilt sich in zwei große Arten auf: Einfach- und Mehrfachvererbung. Einfachvererbung ist die häufiger verwendete Form der Vererbung, sie beschreibt das Übernehmen der Eigenschaften von vorhandenen Klassen in die neue Klasse. Bei einfacher Vererbung wird nur von einer Basisklasse ausgegangen und zu einer Klasse vererbt.

Nach der Vererbung besitzt die abgeleitete Klasse die Eigenschaften der Mutterklasse. Wie in Abbildung 2 zu sehen[1], hat ein Taschenbuch die Eigenschaften eines allgemeinen Buches, welches wieder die Eigenschaften eines gedruckten Dokumentes besitzt. Man kann auch sagen, daß ein Taschenbuch eine Art Buch darstellt, welches ein gedrucktes Dokument ist.

Abbildung 2: Einfachvererbung

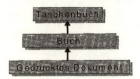

Das gedruckte Dokument wird als eine direkte Basisklasse vom Buch bezeichnet und als indirekte vom Taschenbuch. Der Unterschied ist, daß eine direkte Basisklasse in der Deklarationsliste erscheint, eine indirekte nicht.

Die abgeleitete Klasse besitzt alle 'Member' der Basisklasse, mit allen zusätzlich definierten. Die neue Klasse kann die 'Member' der originalen Klasse verändern und so zusätzliche Funktionen der gleichen 'Member' implementieren, wenn die Basisklasse dieses erlaubt.

Zeiger und Referenzen auf abgeleitete Klassen können implizit zu Zeigern und Referenzen der Basisklasse umgewandelt werden.

Mehrfachvererbung wurde mit späteren Versionen von C++ eingeführt. Eine Klasse kann in diesem Fall mehrere direkte Basisklassen besitzen.

Abbildung 3: Mehrfachvererbung

---

[1] Die hier verwendeten Pfeilrichtungen geben die Vererbung an. Das heißt, daß die Funktionalität und die Eigenschaften der Basisklasse an die abgeleitete Klasse übergeben werden.

Abbildung 3 veranschaulicht, wie ein Objekt die Eigenschaften und Fähigkeiten zur Vermittlung und gleichzeitig die eines Telefons übernehmen kann. So entsteht dadurch ein Telefon, welches selber die Vermittlung übernimmt.[2]

Basisklassen

Sobald eine Klasse als Ausgangsbasis zur Vererbung an andere Klassen verwendet wird, spricht man von einer Basisklasse.

Methoden

Die Funktionen, die ein Objekt ausführen kann, werden Methoden genannt.

Attribute

Attribute sind die Daten eines Objektes und beschreiben es damit qualitativ. So kann zum Beispiel das Objekt Viereck beliebig sein, oder die Spezialform des Attributes 'Quadrat' besitzen.

Schnittstellen

Schnittstellen sind die Kommunikationswege von Objekten. Über sie werden Daten ausgetauscht. Schnittstellen sollten aussagekräftige Namen tragen, um Hinweise auf die Funktionen und die Eigenschaften zu liefern.

Kapselung

Unter Kapselung wird die Fähigkeit von Klassen verstanden, Methoden und Attribute vor unberechtigtem Zugriff zu verbergen. Kapselung ist einer der Grundvoraussetzungen für eine objektorientierte Sprache.

Polymorphismus

Polymorphismus wird die Eigenschaft eines Konzepts genannt, dieselbe Schnittstelle für mehreren Clients anbieten zu können.

Bei interpretierten Programmiersprachen wie Smalltalk durchsucht ein Objekt beim Empfang eines Methodenaufrufes seine interne Methodenliste und berichtet, ob die entsprechende Methode definiert ist.

---

[2] Bei diesem Beispiel wird von einem klassischen Telefon ausgegangen, welches noch keine Funktion zur Vermittlung besitzt.

Bei übersetzenden Programmiersprachen, wie z.B. C++, wird Polymorphismus durch Überladung der Schnittstelle eines Objekts erreicht. Das bedeutet, daß eine Schnittstelle unterschiedlich viele Argumente oder unterschiedliche Arten von Argumenten besitzt, durch die verschiedene Implementationen unterschieden werden.

Bibliotheken

Bibliotheken sind ausgelagerte Programmteile, die getrennt übersetzt und von dem Programm auf verschiedenen Arten verwendet werden können. So unterscheidet man hauptsächlich zwischen Bibliotheken, welche zur Laufzeit eingebunden werden ('Dynamic Link Libraries' DLLs), und solchen, die schon bei der Entwicklung des Programms vorliegen und eingebunden werden müssen ('Statik Link Libraries').

Der Vorteil von beiden Bibliotheksarten ist die Fähigkeit, Funktionen bereitzustellen, die getrennt von dem Programm übersetzt werden können. Durch eine klare Definition der Schnittstellen kann ein getrenntes Bearbeiten erreicht werden. Zusätzlich brauchen bei einer Veränderung des einen Teils nicht beide neu übersetzt werden.

Als Vorteil der DLLs zählt die Eigenschaft, von mehreren Programmen gleichzeitig zur Laufzeit benutzt werden zu können, wogegen die statisch verknüpften Bibliotheken nur für ein bestimmtes Programm (eben das, in dem sie eingebunden sind) verfügbar sind.

Bibliotheken stellen als eine Vorstufe von Komponentensoftware dar, nur sind die Schnittstellen zu dem Programm nicht standardisiert, so daß jeder Entwickler, welcher Bibliotheken benutzen möchte, explizit die darin enthaltenen Klassen mit ihren Methoden und Attributen kennen muß.

Dadurch stellen Bibliotheken einen wichtigen Schritt in Richtung Komponentensoftware dar und sollten solange benutzt werden, bis man sich auf ein Komponentenkonzept geeinigt hat.

Objektmodell

Einen der wichtigsten Aspekte bei der Integration von Softwarekomponenten in ein Gesamtsoftwaresystem stellt das zugrundeliegende Objektmodell dar, das als Basis einer Komponentensoftwarearchitektur benutzt wird.

Das wesentliche Ziel eines Objektmodelles ist es, sicherzustellen, daß Objekte in binärer Form in ein Gesamtsoftwaresystem integriert werden können. Das ist deshalb wichtig, weil objektorientierte Programmiersprachen ihren eigenen Objektmodellen folgen, die meist nicht kompatibel zueinander sind. Selbst Klassen, die in verschiedenen C++ Dialekten implementiert wurden, sind nur auf Source-Code- Ebene kompatibel. Sie müssen für die Verwendung in einem anderen C++ Dialekt neu übersetzt werden, da jeder Dialekt seiner eigenen Strategie für die Zusammenstellung von binären Bibliotheken folgt.

Ein Objektmodell muß deshalb eine Trennung schaffen zwischen der eigentlichen binären Implementierung der Klasse und der Beschreibung der Schnittstellen der Klasse. Diese Beschreibung muß dann programmiersprachenunabhängig sein. Ein Mechanismus wird benötigt Instanzen von Klassen zu erzeugen und Methodenaufrufe über Schnittstellen an die binäre Implementierung der Klasse weiterzuleiten, welche innerhalb der Schnittstellendefinition einer Klasse beschrieben wurden. Spielt sich die Instantiierung und Referenzierung von Objekten zwischen verschiedenen Prozeßräumen innerhalb und außerhalb von Rechnergrenzen ab, spricht man von einem verteilten Objektmodell. In diesem Zusammenhang spielt der Begriff Kapselung eine große Rolle.

Durch die Trennung von Definition und Implementierung wird der Zustand eines Objektes gekapselt und kann nur durch die in der Schnittstellendefinition enthaltenen Methoden verändert werden, welche das Verhalten der Komponente beschreiben. Je strikter diese Kapselung eingehalten wird, desto transparenter wird für den Entwickler der Umgang mit diesen Objekten, und um so kleiner wird die Gefahr, daß sich Objekte innerhalb des Gesamtsystems gegenseitig negativ beeinflussen. Ein Objekt stellt sich als 'Schwarzer Kasten' mit einer öffentlichen Schnittstellendefinition dar, mit deren Hilfe ein Entwickler das Objekt in eigenen Programmen verwenden kann, ohne etwas über die Implementierung des Objektes zu wissen [Schw95][COM].

Interface Description Language (IDL)

Diese Sprache beschreibt Zielobjekte mit ihren Methoden und Attributen in einer programmiersprachenunabhängigen Form, die aber keinerlei Anweisungen enthält. Hier werden die Schnittstellen definiert, die Komponenten besitzen. IDL- Formen werden bei verschiedenen Komponentensoftwarekonzepten verwendet und besitzen dadurch verschiedene Formen. Ein Komponentenentwickler beginnt zuerst mit der Definition der Schnittstellen und definiert deshalb erst in IDL die zu erstellenden Objekte.

2.3 Frühe Komponentensoftware

2.3.1 VisualBasicExtensions (VBX)

Schon sehr früh erkannten Softwarehäuser das Potential des Komponentensoftwaremarktes. So 'zweckentfremdeten' einige kleinere Häuser die von Microsoft eingeführte Möglichkeit, in Visual Basic (VB) benutzerdefinierte Bedienelemente (Controls) anzubieten, um anstelle von kleinen Komponenten (wie Button und Slider) auch sehr komplexe Programmodule (wie eine Rechtschreibprüfung zum Beispiel) herzustellen. Diese 'Visual Basic custom control eXtensions' mit den Dateiendungen VBX wurden damit zu einem Produkt eines neuen Marktes.

Diese Controls sind auf 16 Bit- Programme beschränkt. Deshalb entwarf Microsoft im Zuge seiner 'Object Linking and Embedding' (OLE) Technik das 'Component Object Model' (COM), um Komponenten auch für die 32 Bit- Welt anzubieten. Diese Dateien mit der Endung OCX bilden heute einen der Grundsteine für ActiveX.

2.3.2 OLE

OLE ('Object Linking and Embedding') wurde zunächst 1990 mit OLE 1.0 in Windows 3.0 als eine Verbunddokumentarchitektur, ähnlich der von OpenDoc (siehe auch Kapitel 2.2.1), entwickelt. Die Notwendigkeit, eine funktionierende Verbunddokumentarchitektur zu entwickeln, führte die Theoretiker zu einem Objektmodell, welches mit OLE 2.0 eingeführt wurde und COM genannt wurde.

Erst 1996, als OLE, COM und nun DCOM (siehe Kapitel 2.5.1) den Weg zum Internet beschritten, entschied man sich, alle Begriffe zu einem neuen Begriff zusammenzufassen.

Die daraus entstandene ActiveX Technologie deckt nun das Leistungsspektrum von OLE und COM/DCOM ab.

COM ist die Kerntechnologie von ActiveX, weshalb in folgenden Kapiteln näher auf COM eingegangen wird.

2.3.3 NeXTs Objektsystem

Nachdem die Firma NeXT keine Hardware mehr baute und auch ihr Betriebssystem keine Verwendung auf dem Massenmarkt fand, öffnete sich NeXT zu einer Kooperation mit den ehemaligen Wettbewerbern Hewlett-Packard und SUN. In diesem dritten Schritt hat man die Objektmaschine aus der integrierten NeXTSTEP- Umgebung herausisoliert und als Portable Distributed Objects (PDO) für andere Betriebssysteme, wie das auf Apollo-9000-Workstations laufende HP-UX, bereitgestellt. Der letzte Schritt hieß OPENSTEP: die Spezifikation und freie Lizenzierung des gesamten NeXTSTEP-API an interessierte Dritthersteller und die Zusammenarbeit mit SUN und HP zur Portierung von OPENSTEP (und NeXTSTEP) auf deren Workstations.

Mit dem PDO-Paket lassen sich rechenintensive Prozesse auf Server auslagern, für die das gesamte NeXTSTEP weder zur Verfügung steht noch sinnvoll wäre. Anwendungen bestehen dann aus Front-Ends, die unter NeXTSTEP etwa auf PCs laufen, und aus Back-End-Objekten, die sich auf leistungsfähigen Servern an einer beliebigen Stelle im Netzwerk befinden.

Das PDO-Paket enthält zur Objective-C-Entwicklung Compiler, Assembler und Debugger, die Laufzeitbibliothek inklusive Streams und NeXTSTEP- Defaults- System, den Port- und Messages-Emulationsdeamon 'machd' sowie das MachKit und die Distributed Objects Classes als Klassenbibliotheken. Zur Softwareentwicklung auf dem Server dient der 'Projectbuilder' von NeXTSTEP, der auf einem entfernten PC-Front-End zusammen mit 'Edit' und einem Terminalfenster für den Debugger läuft. Natürlich kommuniziert diese verteilte Entwicklungsumgebung selbst auch über Meldungen mit entfernten Objekten.

Daneben sollte PDO jedoch auch für Softwaresystemhäuser interessant sein, die bei Benutzeroberfläche und Betriebssystem nicht auf NeXTSTEP umsteigen wollen, jedoch eine leistungsfähige und zukunftssichere Middleware benötigen. In diese Richtung gehen auch die gemeinsamen Bemühungen von NeXT und SUN, eine Kombination von PDO und DOE als CORBA-konforme Implementierung zu etablieren.

Die PDOs für Windows gibt es nicht mehr einzeln, sondern werden nur noch mit OPENSTEP inklusive dem AppKit oder den WebObjects ausgeliefert. Weitergehende Informationen auch im Kapitel 4.8 und unter [NeXT]

2.4 Neuere Ansätze

2.4.1 OpenDoc/ SOM

2.4.1.1 Woher kommt OpenDoc?

OpenDoc wurde 1993 von den Firmen Apple, IBM, Novell, Oracle, Taligent (nun IBM), SunSoft, WordPerfect und Xerox definiert, die zu dem Zweck das offene, firmenübergreifende, nonprofitable Konsortium Component Integration Laboratories (CiLabs) gründeten [Schw96]. OpenDoc wurde auch von der Object Management Group (OMG) lizensiert und als CORBAfacilities Dienst in ihre Object Managament Architecture (OMA) übernommen. OpenDoc wurde von mehreren Firmen auf verschiedenen Plattformen implementiert, von Novell/IBM auf Windows, von IBM auf OS/2 und AIX und von Apple auf MacOS. Apple kündigte an, das Projekt OpenDoc nicht mehr fortzuführen [WamSmärz]. Dies hatte wahrscheinlich zum Hintergrund, daß durch den Kauf von NeXT eine sehr ähnliche, nur ausgereiftere Komponentensoftware zur Verfügung steht.

2.4.1.2 Was ist OpenDoc?

OpenDoc stellt in erster Linie eine Verbunddokumentarchitektur dar. Diese Architektur erlaubt es, verschiedene Einheiten in ein Dokument zu integrieren. So können nicht nur verschiedene Datenformate in demselben Dokument angezeigt werden ('What you see is what you get'), sondern diese auch an Ort und Stelle bearbeitet werden. Es sieht für den Anwender dann so aus, als würde er immer nur mit demselben Programm arbeiten, wobei sich aber die Menüs oder/und auch Werkzeugleisten verändern.

Eine Anwendung, die ihre Benutzeroberfläche den Bedienerwünschen anpaßt, ist aber noch keine Verbunddokumentarchitektur. Sogar Netscapes HTML-Browser stellt zwar eine Möglichkeit bereit, verschiedenste (auch fremde) Dienste und Instrumentarien zu benutzen, kann diese aber nicht auf solch eine Weise miteinander verknüpfen, daß diese sich auch untereinander verständigen und austauschen können. So muß z.B. ein Text-Modul selber die Fähigkeit zur Anzeige von Grafiken mitbringen (z.B. wenn eine Graphik von diesem Text umschlossen ist), obwohl es bereits Mechanismen gibt, die Graphiken anzeigen können. Genau dies ist gerade der Urgedanke von Komponentensoftware, alles nötige nur genau einmal zu implementieren und dies dann mehrfach zu nutzen.

2.4.1.3 System Object Model (SOM)

Das von OpenDoc verwendete Objektmodell heißt System Object Model (SOM) und wurde von IBM entwickelt. Es ist für verschiedene Plattformen erhältlich und stellt eine Laufzeitumgebung sowie Systemdienste zur Verfügung. Distributed SOM (DSOM) ist CORBA 2.0-konform und setzt sich aus einem Gerüst von SOM Klassen zusammen, welche die Verteilung von SOM-Objekten über Prozeßgrenzen oder Rechnergrenzen hinweg verwaltet und auf den TCP/IP Kommunikationsprotokollen basiert.

SOM bringt eine eigene Definition von Objekteigenschaften mit, die sich als eine Vereinigung aller Eigenschaften wichtiger objektorientierter Sprachen präsentiert. So werden viele Eigenschaften von C++ -wie z.B. Mehrfachvererbung- und viele Eigenschaften von Smalltalk -wie z.B. Metaklassen- unterstützt, aber nicht die Templates von C++ oder die Garbage Collection von Smalltalk [IBMopendoc]. Zudem wird von SOM die Versionierung und die dynamische Bindung von binären Objekten unterstützt.

Für die Versionierung von SOM-Klassen steht ein Mechanismus zur Verfügung, der es erlaubt, Methoden zu einem Objekt hinzuzufügen, ohne die binäre Struktur der SOM-Klassenimplementierung zu verändern. Löschen oder Verändern von bestehenden Methoden ist jedoch nicht möglich. Dies geschieht durch eine Methodentabelle, über die Clients auf ein SOM-Objekt zugreifen. Neue Methoden werden jeweils am Ende der Tabelle hinzugefügt. Für einen Client, der von den neuen Methoden nichts weiß, ändert sich das Bild der Klasse, die Schnittstellendefinition, nicht. Der Entwickler einer Klasse ist dafür zuständig, die verschiedenen Versionen mittels der Verwendung dieses Versionierungsmechanismus konsistent zu halten, damit der einfache Austausch von Klassen unterschiedlicher Versionen gewährleistet ist.

Die Wiederverwendung von Code geschieht mittels Vererbung auf der Basis von Schnittstellendefinitionen. An der Spitze der Vererbungshierarchie steht die Klasse SOMObject, von der alle SOM-Klassen direkt oder indirekt abgeleitet sein müssen. Durch das Überschreiben von Methoden der jeweiligen Superklasse ist es möglich, geerbte Methoden neu zu implementieren. Die überschriebene Methode der Superklasse kann innerhalb der Methode direkt aufgerufen werden.

Mehr über SOM kann man in dem Kapitel über DSOM, oder bei [Schw95] erfahren.

2.4.1.4 Parts

Die wichtigsten Einheiten bei OpenDoc werden Parts genannt. Sie stellen genau jene Komponenten dar, die in Verbunddokumente eingebettet werden können (nämlich in ihre Rahmen: den 'Frames'). Als dritten wichtigen Bestandteil (neben diesen Frames für die Parts) gibt es noch den Programmcode des Part-Editors, um die Parts zu steuern [IBMopendoc].

Ein Part liegt in Form einer Dynamic Link Library (DLL, binäre, zur Laufzeit bindbare Bibliothek) vor, ist also keine ausführbare Applikation. Da mehrere Parts zusammenarbeiten müssen, laufen sie in einer gemeinsamen Umgebung ab, die verschiedene Dienste, wie Ereignisbehandlung und Ereignisweiterleitung, Verwaltung von Rahmenfenstern und Menüleisten, zur Verfügung stellt. Diese

Laufzeitumgebung wird von der OpenDoc Document Shell verwaltet, einer mit OpenDoc ausgelieferten ausführbaren Applikation. Sie stellt für jedes OpenDoc Verbunddokument einen Adreßraum bereit, in dem die Part Handler des Verbunddokumentes ausgeführt werden.

Eine neue Instanz der Document Shell wird mit jedem Öffnen eines OpenDoc Verbunddokumentes gestartet. Diese erzeugt und verwaltet eine Laufzeitumgebung für Part Handler, die aus mehreren Objekten besteht. Über die Objekte wird die Struktur des Verbunddokumentes ermittelt und die Komponentenhierarchie aufgebaut. Die Daten selbst werden dann von den Komponenten selbständig geladen. Die Laufzeitumgebung verwaltet die Anordnung der Rahmenfenster und empfängt sowohl Benutzerereignisse als auch semantische Ereignisse und leitet diese zu dem von dem Ereignis betroffenen Part weiter.

Die Document Shell regelt in Zusammenarbeit mit den Komponenten die Verwaltung gemeinsam benutzter Ressourcen wie Menüleiste und Eingabefokus. Bevor eine Komponente eine Ressource verwenden kann, muß sie diese zuerst von der Document Shell zur Laufzeit beantragen.

2.4.1.5 Datenaustausch und Kommunikation

Die OpenDoc-Architektur verfügt über einen Mechanismus des einheitlichen Datenaustausches, der auf den Schnittstellen des Datenablagesystems basiert und es den Komponenten erlaubt, gegenseitig Daten und OpenDoc- Komponenten auszutauschen. Mit der Benutzung dieses Datenaustausches können Benutzer jede Art von Datentypen in ein Verbunddokument integrieren. OpenDoc enthält verschiedene Schnittstellen in Form von Klassen für folgende Arten von Datenaustausch: Drag & Drop, Cut & Paste und Linking.

Bei jeder dieser Datenaustauscharten werden Datenablagebereiche in Form des Bento Formats (eine spezielle Dateiarchitektur bei OpenDoc) zur Verfügung gestellt, die eine OpenDoc Komponente mit Hilfe der Schnittstellen des Datenablagesystems füllen und abfragen kann.

2.4.1.6 Zusammenfassung

OpenDoc stellt sowohl aus Benutzersicht wie auch aus Entwicklersicht eine komplette Architektur für die Bearbeitung von Verbunddokumenten mit Hilfe von Softwarekomponenten zur Verfügung.

Entwicklern stellt OpenDoc eine umfangreiche Klassenbibliothek zur Verfügung, die auf dem SOM Objektmodell basiert und dessen Fähigkeiten im Hinblick auf eine plattformunabhängige Architektur für Komponentensoftware erweitert. Damit sind Entwickler in der Lage, Softwarekomponenten zu erstellen, die sich in eine Verbunddokumentapplikation integrieren können, ohne etwas über die anderen OpenDoc Komponenten im System zu wissen. Die Entwicklung von OpenDoc- Komponenten wird dadurch begünstigt, daß jede dieser Komponente ein fest definiertes Verhalten zeigt, das in Form einer abstrakten Basiskomponentenklasse festgelegt ist, von der jede OpenDoc- Komponente abgeleitet sein muß.

Auf Windows Plattformen ist der Einsatz von OpenDoc durch die gelungene Verknüpfung mit OLE 2.0 interessant geworden. IBM plante zudem ab Mitte 1997 seine VisualAge C++ 4.0

Entwicklungsumgebung soweit ausgebaut zu haben, daß mit dem selben Source-Code sowohl OpenDoc Parts, als auch OLE bzw. ActiveX Komponenten erzeugt werden können [CT397]. Ein Produkttest von PC Magazine (Feb.'97) berichtete sogar schon von *'Visual Age's starker Kreuzplattform - Unterstützung, und einer genügend abstrakten Open Class Bibliothek, um verschiedene API's wie OpenDoc und OLE zu beherbergen'* [IBMvisualage].

Insgesamt ist OpenDoc ein durchgängig objektorientiertes Konzept einer Verbunddokumentarchitektur, das auf nicht verteilten Systemen gut eingesetzt werden kann. Mangels einer DSOM Anbindung ist OpenDoc nicht für eine Benutzung in verteilten Systemen geeignet.

Der Ressourcenbedarf auf allen bisher unterstützten Plattformen ist relativ hoch (siehe Abbildung 4). OpenDoc benötigt zur Zeit einen schnellen Prozessor (z.B. für die Windows- Version einen Pentium mit 133MHz) und mindestens 32 Megabyte RAM, um in für den Anwender vernünftiger Reaktionsgeschwindigkeit abzulaufen.

Abbildung 4: Ressourcenbedarf von OpenDoc

	Windows		OS/2	AIX
	NT	95		
Hardware				
Processor (recommended)	Pentium class	Pentium class	Pentium class	Any Power2 or PowerPC
RAM (recommended)	32 MB	32 MB	32 MB	32 MB
Disk Space Needed				
during installation	This temporary space can be recovered by deleting the downloaded files after installation completes.			
	up to 55 MB	up to 55 MB	up to 25 MB	up to 30 MB
after installation				
Install	5 MB	5 MB	4 MB	0 MB
Base	49 MB	49 MB	32 MB	10 MB
Development Toolkit	4 MB	4 MB	3 MB	2 MB
Samples	15 MB	15 MB	8 MB	9 MB
Documentation	6 MB	6 MB	7 MB	6 MB
Source Code	11 MB	11 MB	8 MB	6 MB
Software				
Operating System	Windows NT 3.51	Windows 95	OS/2 Warp Connect with OS/2 Warp FixPak 17 (for OS/2 Warp J, FixPak 22)	AIX 4.1.4
			OS/2 Warp 4.0	AIX 4.2
HTML Browser	HTML 3.0 (tables)-capable browser			
Compiler (if developing parts)	IBM VisualAge C++ for Windows, Version 3.5 or Microsoft Visual C++, Version 4.0		IBM VisualAge C++ for OS/2, Version 3.0	IBM CSET++ for AIX Compiler, Version 3.1.4

Die verteilte Verwendung von Komponenten berücksichtigt OpenDoc zwar in seiner Architektur, dies wird aber in den derzeitigen Implementierungen noch nicht unterstützt. Gleiches gilt für die abgesicherte Bearbeitung eines OpenDoc Dokumentes durch mehrere Benutzer gleichzeitig.

2.4.2 Java / JavaBeans

Java zählt nicht als Komponentensoftware. Erst durch JavaBeans ist die Idee von Java zu einem Komponentenmodell geworden.

Java wurde von der Firma SUN primär als eine neue Programmiersprache entwickelt. Bevor jedoch Compiler für Java erhältlich waren, gab es schon Anwendungen für Java: Das Internet mit seiner starken Nachfrage nach Animationen. Sehr schnell etablierte SUN, gefördert durch SUNs Marketingstrategie, Java als Websprache. SUN erreichte es, fast alle Webseitenbesitzer zur Integration von mindestens einer kleinen Java- Animation zu bewegen. Kurze Java Programme (auch Applets genannt) werden von fremden Computern über das Internet in den eigenen Computer geladen und dort direkt durch einen Interpreter ausgeführt. Die Laufzeitumgebung für solche Programme kann und soll durch die Verwendung des Interpreters stark eingeschränkt werden. Die Applets laufen dadurch in einem sicheren 'Sandkasten', wo sie keinen Schaden anrichten, aber genau dadurch auch nicht mit der übrigen Welt (andere Objekte und Programme) kommunizieren können. Dieser Austausch zwischen einzelnen getrennten Programmen ist aber gerade die Grundlage von Komponentensoftware.

2.4.2.1 JavaBeans: ein eigenes Objektmodell?

Warum sollte SUN neben CORBA, OpenDoc und ActiveX noch ein weiteres Komponentenmodell etablieren wollen?

Diese Frage stellte Richard V. Dragan [Dragan] und spekulierte als Antwort, SUN wolle eine einfach zu benutzende Lösung anbieten. Die existierenden Technologien sind zudem teilweise nicht als reine Komponentensoftware geplant gewesen (z.b. OLE) oder zu komplex (z.B. SOM). JavaBeans wurde dagegen von Anfang an, in enger Zusammenarbeit von vielen Softwareherstellern, speziell als Erweiterung der Sprache Java zur Komponentensoftware geführt.

Ein JavaBean ist im Grunde ein Framework aus Java-Klassen. Diese Klassen werden im Java Developer Kit Version 1.1. (JDK 1.1) auch Abstract Windowing Toolkit (AWT) genannt und als Basisklassen benutzt, um graphische Anwendungen zu schreiben. Der Unterschied zu normalen Java Objekten sind vier neue Fähigkeiten, wobei die Implementierung von einer dieser Fähigkeiten ausreicht, um der folgenden Definition eines JavaBean zu entsprechen.

Ein JavaBean muß mindestens eine der Fähigkeiten realisieren:

Introspection/reflection (Selbstbeobachtung). Ein Bean muß seine Datenstruktur offen preisgeben, damit Entwicklungstools oder Programmierer die Methoden, Schnittstellen, Variablen und Eigenschaften auslesen, benutzen oder verändern können.

Event mechanism (Ereignisbehandlung). Die Möglichkeit, Ereignisse (Events) zu erzeugen (to fire) oder zu erhalten und zu verarbeiten, muß im Rahmen von AWT möglich sein.

Serialization/persistence (Speicherung). Ermöglicht dem Bean, Anfangswerte für die Eigenschaften festzulegen.

Interoperability (Zusammenarbeit). Ein Bean soll mit anderen Objekten wie z.B. von ActiveX oder OpenDoc zusammenarbeiten können.

Jede dieser vier Fähigkeiten macht aus einem statischen, unveränderbaren, abgeschotteten Applet eine Softwarekomponente, welche mit der Umgebung kommunizieren kann.

Laut JavaSoft ist die Entwicklung von Beans nicht nur innerhalb von Entwicklungsumgebungen, sondern auch direkt in Texteditoren möglich, weil alle wichtigen Schnittstellen so entworfen wurden, daß diese von Programmierern und von Programmen gut verstanden werden können.

2.4.2.2 Betrachtung eines Beispieles

Um aus einem minimalen Java-Programm ein Bean zu machen, muß man z.B. die Schnittstelle *Serializable* implementieren. Objekte mit dieser Schnittstelle können ihre Einstellungen (wie z.B. Farbe) permanent auf einen Datenträger speichern und später wieder herstellen. Mehr als die Deklaration und ein Rahmen ist am Anfang nicht nötig. So reicht das Hinzufügen der folgenden Zeile [JavaSoftTut]:

```
import java.io.Serializable;
```

und des Rahmens für das JavaBean:

```
public class BeanTest extends Canvas implements Serializable
{...}
```

Erst wenn *properties* (Eigenschaften) realisiert werden, können Beans interessanter werden. Durch properties kann man zum Beispiel die Farbe des Beans lesen und setzen. Dazu benötigt man die Deklaration der (Vordergrund-)Farbe durch die Variable :

```
private Color beanColor = Color.blue;
```

und die Angabe der Methoden für die Farben:

```
public Color getColor() {
return beanColor;
}
public void setColor(Color newColor) {
beanColor = newColor;
repaint();
}
```

Diese kurzen Beispiele zeigen, wie die Entwicklung eines Beans verläuft. Ab nun ist diese Java-Anwendung eine Komponente.

Innerhalb einer Entwicklungsumgebung läßt sich die Entwicklung noch leichter vorstellen. Vor allem die Kombination von verschiedenen Komponenten kann durch Standardschnittstellen vereinfacht werden. Da zur Zeit aber kaum Entwicklungsumgebungen für JavaBeans existieren, müssen Entwickler auf die hohe Verständlichkeit des Codes setzen.

2.5 Nicht auf Rechnergrenzen beschränkte Konzepte

2.5.1 Distributed Component Object Model (DCOM) / ActiveX

ActiveX ist ein Technologiekonzept, welches sich aus verschiedenen Teilen zusammensetzt.

Die Kerntechnologien sind die folgenden (siehe auch Abbildung 5):

- *Component Object Model (COM) und DCOM*: Das zugrundeliegende Distributed Object Model für ActiveX.

- *Microsoft Remote Procedure Call (MS-RPC)*: Eine kompatibele Implementierung des DCE/RPC. Es unterstützt Skalierung, Marshaling und Sicherheit.
- *NTLM Standard Security Provider Interface (SSPI)*: Erlaubt sichere Aufrufe von Komponenten.
- *Strukturiertes Speichern*: Ein spezielles Dateiformat, welches Anwendungen erlaubt, Dateien zwischen verschiedenen Plattformen und anderen Programmen auszutauschen.
- *Registry*: Eine Datenbank für COM- Komponenten und ihre Konfigurationen.
- *Monikers*: Eine Technik, die Zeiger mit Zusatzdaten und Fähigkeiten ausstattet und dadurch persistente, intelligente Namen bietet.
- *Automation*: Ermöglicht Objekten, ihre Funktionalität den High-Level Programmiersprachen und Scripting - Umgebungen bekannt zu machen.

Abbildung 5: ActiveX- Kerntechnolohien

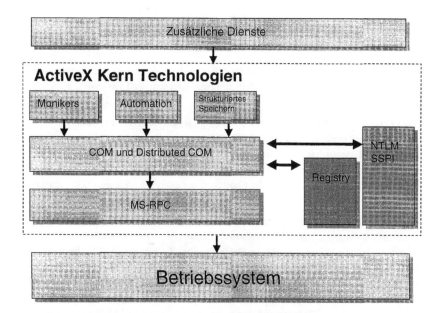

Da COM (bzw. DCOM) hierbei eine Schlüsselposition besitzt, wird dieser Teil der ActiveX Technologie genauer betrachtet.

2.5.1.1 COM

Component Object Model (COM), so nennt sich das von Microsoft propagierte Objektmodell. Es ist für die Vermittlung von Methodenaufrufen zwischen binären Objekten zuständig, die sich sowohl im selben Adreßraum befinden können, als auch in separaten Adreßräumen auf demselben Rechner.

Abbildung 6 zeigt einen beispielhaften Methodenaufruf. Distributed COM (DCOM) vermittelt zusätzlich Objekte zwischen verschiedenen Rechnern.

Abbildung 6: COM Verbindet

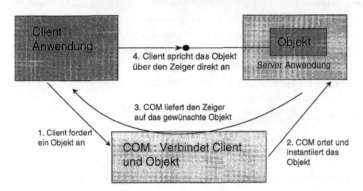

Die Verbindung zwischen Adreßräumen auf demselben Rechner wird mittels einer *lightweight remote procedure* call Technik vollzogen. Zwischen mehreren Rechnern wird die *remote procedure call* Technik verwendet.

COM ist als ein Objektbeschreibungsmodell realisiert. Dessen wichtigster Grundsatz ist: ein COM-Objekt muß kein Objekt im Sinne des oben definierten Objektbegriffes sein. Die Implementierung einer COM- Klasse ist ganz dem Entwickler überlassen. Er kann eine COM- Klasse in einer objektorientierten oder prozeduralen Programmiersprache seiner Wahl implementieren. Ein COM-Objekt ist somit ein binärer, ablaufender Codeblock, der eine oder mehrere COM- Schnittstellen bedient.

Eine COM- Schnittstellendefinition beschreibt nicht die gesamte COM-Klasse, sondern nur eine vordefinierte Gruppe zusammenhängender Funktionen. Zur Erstellung der COM-Schnittstellendefinition dient eine IDL genannte Sprache, die mit der CORBA konformen IDL-Sprache aber nur den Namen gemeinsam hat. Mit Hilfe von IDL werden COM- Schnittstellen implementiert. Diese dienen dazu, eine C++ ähnliche virtuelle Methodentabelle zu verwalten, in der die Adressen der Methoden innerhalb einer binären COM- Objektimplementierung abgelegt sind. Außerdem helfen sie, Methodenübergabeparameter in eine für die COM- Objektimplementierung verständliche Form umzuwandeln.

Ähnlich der IDL existiert eine Objekt- Beschreibungs- Sprache ODL (Object Definition Language), welche aus historischen Gründen (vor der IDL- Zeit) immer noch bei reiner Automation eingesetzt wird. Sie ähnelt in Form und Funktion IDL.

Eine COM-Klasse wird durch eine einzigartige ID identifiziert. Über diese ID kann COM ein COM-Objekt instantiieren und einen Zeiger auf die Schnittstelle *IUnknown* mit den drei Methoden *QueryInterface*, *AddRef* und *Release* erhalten, die jede COM Klasse implementieren muß. Die

Methode *AddRef* inkrementiert einen Referenzzähler, die Methode *Release* dekrementiert einen Referenzzähler. Anhand dieses Referenzzählers kann ein Client ermitteln, ob ein COM-Objekt noch benötigt wird (ob ein Client dieses Objekt referenziert). Der Programmierer ist bei der Übergabe von Referenzen auf ein COM- Objekt dafür zuständig, diese Methoden aufzurufen. Mittels der Methode *QueryInterface* erlangt ein Client einen Zeiger auf eine Schnittstelle, die einen Teil des Objektes repräsentiert. Außerdem kann ein Client anhand dieser Methode überprüfen, ob ein Objekt eine bestimmte Schnittstelle bedient.

COM unterstützt keine Wiederverwendung von Objekten mittels Vererbung. Es gibt also zwischen COM- Schnittstellen keine Hierarchie. Anstatt der Vererbung tritt bei COM-Objekten *Aggregation* (Vereinnahmung) oder *Containment/Delegation* (Einschluß). COM-Objekte können über diese Mechanismen in andere COM-Objekte eingebettet werden. Die Schnittstellen eingebetteter Objekte werden entweder nach außen weitergereicht (Aggregation) oder zu einer äußeren Schnittstelle über eine Schnittstellenreferenzierung weitergeleitet (Delegation). Gemeinsame Schnittstellen wie IUnknown, die sowohl von eingebetteten COM-Objekten wie auch von äußeren COM- Objekt bedient werden, werden ebenfalls über eine Schnittstellenreferenzierung zu einer gemeinsamen Schnittstelle zusammengefaßt. Abbildung 7 stellt beide Wiederverwertungsarten dar.

Abbildung 7: Aggregation und Delegation bei COM

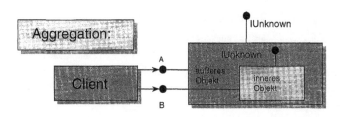

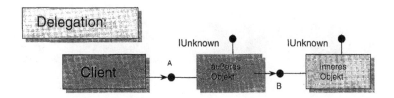

Der Unterschied zwischen *Aggregation* und *Containment/Delegation* ergibt sich durch die unterschiedliche Behandlung der in allen COM-Objekten enthaltenen Schnittstelle *IUnknown*. Während bei *Containment/Delegation* vom Entwickler zusätzliche Schnittstellen definiert werden und Zeiger von diesen äußeren Schnittstellen auf die Schnittstellen integrierter Objekte umgeleitet werden, wird bei *Aggregation* die Schnittstelle innerer Objekte direkt nach außen veröffentlicht. Ein Entwickler sieht von einem COM- Objekt, das weitere COM-Objekte in sich einbettet, nur die Schnittstellen, nicht aber dessen interne Struktur.

2.5.1.2 Distributed Component Object Model (DCOM)

DCOM baut auf COM auf und wird damit auch zu einem eigenen Objektmodell. So wie 'Remote Procedure Calls' (RPC) Funktionen über Rechnergrenzen hinweg aufrufen, aktiviert DCOM Objekte auf einem anderen Rechner und ruft dessen Methoden auf. DCOM, das im frühen Stadium 'Network OLE' hieß, gibt es unter Windows NT schon seit einiger Zeit. Microsoft adaptierte das DCE RPC und will mit DCOM Protokoll Version 1.0 alle Funktionen und damit alle Sicherheitseigenschaften von DCEs RPC implementieren. [DCOMdraft]

Um dem Vorwurf einer proprietären Schnittstelle vorzubeugen, hat Microsoft DCOM an die Open Group übergeben.

Wie bei COM ist die einzige Forderung von DCOM an eine Programmiersprache deren Fähigkeit, Zeigerstrukturen zu verwenden und damit Funktionen aufrufen zu können.

Microsoft bezeichnet DCOM als 'COM mit einem längerem Kabel' [MSDN].

Neben den Funktionen, um entfernte Objekt über einen 'Service Control Manager' (SCM), welcher alle Aufrufe verwaltet, anzusprechen, beinhaltet DCOM auch ein Sicherheitssystem, um Zugriffsberechtigungen zu verteilen. Hierbei wird ein zweistufiges Sicherheitsverfahren angewendet. Die erste Stufe prüft, ob ein Client den Server aktivieren darf. Die zweite Stufe prüft, welche Funktionen des Servers aufgerufen werden dürfen.

Abbildung 8: Sicherheit bei DCOM

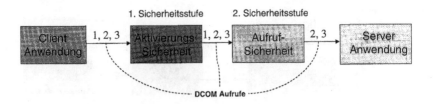

Wie in Abbildung 8 zu sehen, werden alle Aufrufe an den Server weitergeleitet, soweit sie innerhalb des Aufrufsicherheitsmechanismus erlaubt sind. Darf ein Client bestimmte Server auf einem bestimmten Computer nicht aktivieren, wird dessen Anfrage eine Instanz früher abgewiesen.

Bisher können nur Server auf Windows NT aktiviert werden. Bei DCOM für Windows 95 muß der Server bereits laufen, bevor der Client ihn anspricht. Diese Einschränkung beinhaltet laut Microsoft [MSDN] kein Problem, da Windows 95- Computer nicht als Server entworfen seien.

Durch die Sicherheitsmechanismen von Windows NT werden die DCOM- Aufrufe auf unterster Betriebssystemebene geprüft.

2.5.1.3 Automatisierung

Eine weitere wichtige Komponente ist 'Automatisierung'. Automatisierung beschreibt die Fähigkeit von COM- Objekten, fernsteuerbar zu sein [Chapp][Denn].

Erst durch Automatisierung wird es möglich, Funktionalität von umfangreichen und großen Programmen auch Umgebungen zur Verfügung zu stellen, die auf hoher Ebene mit dieser Funktionalität arbeiten. Hierdurch können Anwendungen zum Beispiel aus anderen Anwendungsprogrammen wie MS Word oder MS Excel gesteuert werden. Dabei wirkt Automatisierung so, als würde ein Anwender die gewünschten Funktionen aufrufen. Der Unterschied zwischen der Bedienung eines fremden Programms und einem Anwender ist nicht vorhanden, da beide auf die selben Schnittstellen zugreifen.

Diese strenge Kapselung von internem Code und zugänglichen Schnittstellen ist explizit bei COM vorgeschrieben. Deshalb ist COM speziell geeignet, Automatisierung zur Verfügung zu stellen. Programme, die überwiegend Funktionen von anderen Anwendungen aufrufen (im Sinne der Automatisierung), werden *Skripte* genannt. Die Programmierwerkzeuge zur Erstellung solcher Skripte werden als *Skriptsprachen* bezeichnet.

Nur die Art wie COM auf Methoden zugreifen läßt, stellt ein Problem für Automatisierung dar. Das in Kapitel 2.5.1.1. angedeutet Verfahren, COM- Schnittstellen offen zu legen, arbeitet intern mit einer *Vtable*- Struktur. Dies ist eine Tabelle, die ausschließlich Funktionszeigern beinhaltet. Ein Client, der auf eine Methode innerhalb dieser Vtable- Struktur zugreifen will, muß eine Kette von Zeigern durchlaufen bis das gewünschte Ziel erreicht wird. Weiterhin müssen die Parameter des Aufrufes in eine Variante von RPC/IPC (Remote Procedure Call / Inter Process Communication, siehe auch Kapitel 4.2.3.1) verpackt werden, wenn das Objekt, das die Schnittstelle unterstützt, in einem anderen Prozeß abläuft.

Skriptsprachen, wie aber auch VB, sind (oder waren) aber genau für solche Aufgaben nicht geeignet. Um trotzdem COM für die Automatisierung benutzen zu können, definierten Microsofts VB- Entwickler eine COM- Schnittstelle mit dem Namen *IDispatch*. Über die Methode IDispatch::Invoke mit der Angabe der gewünschten DispatchID (DISPID; eine Nummer, welche jede Methode eindeutig identifiziert) können so andere Methoden aufgerufen werden. Der Vorteil der hierdurch erreicht wird, ist die Tatsache, daß nur genau einmal ein Mechanismus bereitgestellt werden muß, um durch genau eine Vtable- Struktur (nämlich der von IDispatch) zu navigieren. VB stellt einen Basic- Befehl bereit, der genau diese Funktionalität anbietet und damit dem Basic- Entwickler vor dem Umgang mit IDispatch bewahrt.

Abbildung 9 zeigt die Verwendung von IDispatch.

Abbildung 9: IDispatch::Invoke(DISPID)

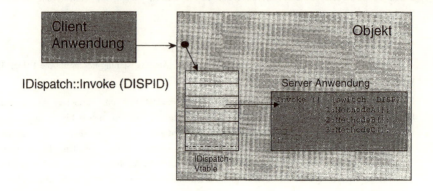

Jedes Programm, welches die Schnittstelle IDispatch ansteuern kann, ist somit in der Lage, die Automatisierungsfähigkeiten eines anderen Programmes zu nutzen. IDispatch wird damit zu einem Kriterium, ob eine Skriptsprache für Automatisierung geeignet ist.

Die Verwendung von beiden Möglichkeiten Automatisierung bereit zu stellen, ist auch üblich, da IDispatch eine gewöhnliche COM-Schnittstelle mit besonderen Fähigkeiten darstellt.

2.5.1.4 Microsofts DCOM für Unix

In Kooperation mit Microsoft hat die Software AG (SAG) dafür gesorgt, daß auch Unix-Hosts und Mainframes in das Zusammenspiel von DCOM miteinbezogen werden können [iX].

Nachdem die ersten Versionen schon Ende 1996 angekündigt waren, liegen jetzt Betaversionen von DCOM FTE (DCOM For The Enterprise) für Solaris, Linux und Digital UNIX vor.

Die DCOM-Implementierung besteht aus zwei Teilen: einer Laufzeitumgebung und einem Software Development Kit (SDK). Da DCOM mit Threads arbeitet, muß unter Linux auch eine entsprechende Thread-Library (ab Version 2.0.30) installiert sein.

Die SAG hat bei dieser Portierung nicht nur die DCOM Funktionen implementiert, sondern auch weitere Teile von Windows NT. So kann man z.B. auch Funktionen des Win32-Dateisystems nutzen, welches die Vermutung zuläßt, eine NT- Emulation vorliegen zu haben.

Die Emulation funktioniert trotzdem nur auf Quelltextebene, es können keine binären ActiveX-Komponenten von Windows direkt auf der Portierung ausgeführt werden, sondern müssen auf der Zielplattform erneut übersetzt werden: Oberflächenfunktionen werden dabei nicht unterstützt.

DCOM für UNIX soll vielmehr ein COM Gerüst um professionelle UNIX Datenbanken herum ermöglichen, auf die Windows Clients mittels DCOM- Aufrufen direkt zugreifen. Diese DCOM-Schnittstelle für Objekte ist binär und ermöglicht damit ein schnelles, direktes Zugreifen auf Daten und Objekte.

Die Laufzeitumgebung besteht aus Bibliotheken, die einen Teil der NT-Basisfunktionen emulieren. Dazu gehören Dateifunktionen, Threads, Semaphoren und Funktionen für die Registry-Datenbank. Zwei Dämons bilden eine Untermenge des Win32-Systems und den 'Service Control Manager' (SCM) nach.

SAGs DCOM-Implementierung verwendet den Microsoft-Quelltext als Grundlage. Durch die Emulation wurde eine Umgebung geschaffen, die einen UNIX - Rechner wie ein DCOM-NT-System aussehen läßt. Da die Portierung alle von DCOM benötigten Win32-Systemaufrufe emuliert, werden die Änderungen an bestehenden Programmen, die DCOM benutzen, nicht gravierend sein.

Obwohl Solaris einen eigenen RPC Mechanismus im Lieferumfang beinhaltet, hat die SAG auch hierfür die Microsoft-Quellen portiert, um konform mit den Spezifikationen der Open Software Foundation zu sein.

Ob DCOM sich als Standard für verteilte Systeme durchsetzen kann, hängt von der Anzahl der unterstützten Plattformen ab. Mittlerweile sind Implementierungen für NT und neuerdings Windows 95 verfügbar. Eine Implementierung auf dem Apple Macintosh, für den COM bereits existiert, soll noch 1997 von Microsoft folgen.

Interessant ist die Einbeziehung von Java - die als MS-Implementierung der Java VM (Virtual Machine) Einzug hält - auch wenn es sich um eine proprietäre Erweiterung der Virtual Machine auf der Windows-Plattform handelt. Die 'Java VM', die Microsoft im InternetExplorer benutzt, ermöglicht es, daß Java-Applets von außen über eine (D)COM-Schnittstelle angesprochen werden können, außerdem können Applets andere (D)COM-Objekte direkt benutzen.

Mittlerweile hat die Software AG auf dem Gebiet DCOM Konkurrenz bekommen. Auch die Firma Bristol, Hersteller von Tools zum Portieren von Windows-Anwendungen auf UNIX- Plattformen, hat eine Cross-Platform-DCOM-Lösung angekündigt. Zusammen mit der Firma MainSoft, Bristols direkter Konkurrenz, plant die SAG eine Komplettlösung anzubieten, die auch den graphischen Teil von Windows NT umfaßt. Weiterhin arbeitet nicht nur Hewlett-Packard, sondern auch Siemens Nixdorf und Digital an einer eigenen DCOM-Version für UNIX beziehungsweise Open VMS.

2.5.2 CORBA

1989 wurde von den Firmen 3Com Corporation, American Airlines, Canon Inc., Data General, Hewlett-Packard Company, Philips Telecommunication, Sun Microsystems und Unisys Corporation die Object Management Group (OMG) ins Leben gerufen [Böker]. Dieses Konsortium, welches nun über 700 Unternehmen zählt, setzt sich zum Ziel, Wiederverwendbarkeit, Portabilität und Interoperabilität von Software zu ermöglichen und zu verbessern. Weiterhin sollte eine Referenzarchitektur gefunden werden, auf der weitere Spezifikationen aufsetzen können. Dabei sollen

Anwendungen aus Objekten bestehen oder Objekte benutzen, die unabhängig von ihrer Entwicklungsplattform und Programmiersprache untereinander verwendbar sein sollen. Darüber hinaus soll für die Objekte transparent sein, wo sich der gewünschte Kommunikationspartner (wieder ein Objekt) befindet.

Im folgenden Jahr nach der Gründung ist der Object Management Architecture Guide veröffentlicht worden, der als Grundlage der weiteren Entwicklung gesehen werden kann. Als erstes zentrales Thema wurde die Object Management Architecture (OMA) spezifiziert, deren zentrale Aufgabe die Übermittlung von Methodenaufrufen und deren Ergebnissen zwischen dem Anfragenden und dem Zielobjekt ist. Diese Architektur ist unter dem Namen Common Object Request Broker (CORBA) standardisiert worden. Es gibt zahlreiche Entwicklungen, die auf der CORBA Spezifikation aufsetzen. Die bekanntesten von ihnen sind SolarisNEO von SunSoft Inc., Hewlett-Packards Distributed Smalltalk, IBMs SOM/DSOM und Ionas Orbix. Da das Distributed System Object Model (DSOM) CORBA konform ist, überschneiden sich die Beschreibungen beider Modelle, so daß hier noch näher auf die Details der OMA Richtlinien eingegangen wird.

Mit dem Referenzmodell der Object Management Group (OMG) wird eine Architektur zur Realisierung verteilter Anwendungen beschrieben. Diese Architektur gliedert sich in fünf Teile: den Object Request Broker, Object Services, Common Facilities, Application Objects und den CORBA Domains (siehe Abbildung 10). Dabei spielt der Object Request Broker (ORB) die zentrale Rolle. Er bietet die Infrastruktur, welche die Kommunikation zwischen Objekten unabhängig von deren Plattformen und Implementierungstechniken ermöglicht. Anstelle des allgemeinen Begriffes ORB wird dieser Ausdruck unter [CT397] und unter [OMG] auch gleich mit dem Begriff CORBA ersetzt, wobei dann dieser bestimmte ORB von CORBA gemeint wird (siehe auch [Böker]).

Abbildung 10: Die Common Request Broker Architecture

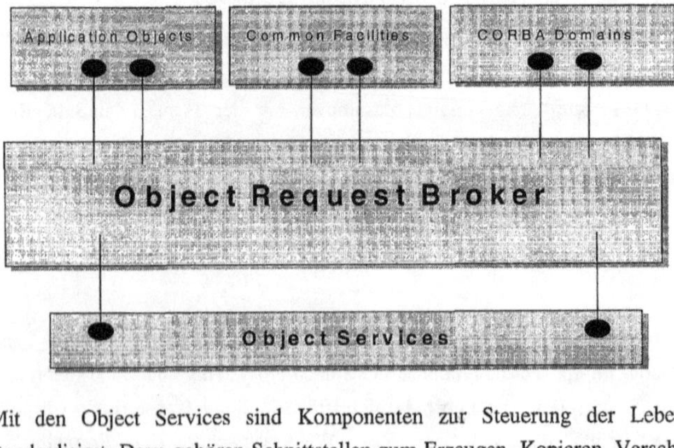

Mit den Object Services sind Komponenten zur Steuerung der Lebenszyklen von Objekten standardisiert. Dazu gehören Schnittstellen zum Erzeugen, Kopieren, Verschieben und Zerstören von Objekten sowie zur Zugriffskontrolle. Ebenso sind ein Persistenzdienst, der das Speichern von

Objekten auf externen Speichermedien beschreibt, sowie ein Ereignismeldungsservice für die asynchrone Meldung von Ereignissen definiert.

Die Common Facilities bieten höhere Funktionen an, die in direktem Bezug zum Benutzer stehen. Dazu gehören z. B. Drucken, Dokumentenverwaltung, Datenbanken und E-Mail - Funktionen.

Unter den Application Objects sind die eigentlichen Anwendungsobjekte zu verstehen, die auf die Funktionalitäten der Object Services und Common Facilities zurückgreifen. Sie werden nicht von der OMG standardisiert.

Neu hinzugekommen sind die CORBA Domains, welche noch spezifischere Funktionen als die Common Facilities besitzen werden. CORBA Domains werden im Moment noch diskutiert, zum Beispiel werden branchenorientierte Dienste, wie Bankanbindungen, vorstellbar.

Durch die Vielzahl der Entwickler in der OMG war es notwendig, eine gemeinsame Basis für Technologien und das Verständnis von Objekten zu schaffen. Aus diesem Grund definiert das OMA Objektmodell gemeinsame Objekt Semantiken, welche die äußerlich sichtbaren Charakteristiken von Objekten in einer standardisierten und implementierungsunabhängigen Weise spezifizieren.

Das OMG Objektmodell basiert auf den Grundbegriffen Objekte, Operationen, Typen und Subtypen. Da die OMG nur Empfehlungen gibt, können beliebig abstrakte Modelle nach dem OMG Objektmodell entstehen. So müssen Konzepte, die auf die CORBA aufsetzen, das OMG Objektmodell unterstützen. Dabei ist es möglich, das Objektmodell durch Erweiterungen der Funktionalitäten zu bereichern.

2.5.2.1 Der Object Request Broker (ORB)

Der ORB fungiert als Telefonzentrale in einem verteilten System. Er stellt Dienste für die Initialisierung und Auffindung von Zielobjekten und für die Übermittlung von Methodenaufrufen (requests) und deren Resultaten zwischen Clients und Zielobjekten zur Verfügung.

Die Schnittstelle, die der Client sieht, ist unabhängig von der Position des Zielobjektes und von der Programmiersprache, in der das Zielobjekt realisiert ist.

Dieses Ziel wird über die Schnittstellen- Definitionssprache IDL (Interface Definition Language) erreicht. Die Bereitstellung der Dienste des ORB erfolgt in Form von Objekten, die ebenfalls mit Hilfe der IDL definiert wurden.

Die Definition der Schnittstellen ist auf zwei Wegen möglich. Entweder können sie über IDL statisch definiert werden oder in einer Interface Repository abgelegt werden, damit sie dynamisch auch von fremden Objekten aus zugänglich sind.

Bei einer Anfrage des Clients benötigt dieser eine Objektreferenz. Diese Referenz bekommt der Client nur durch seine eigene Kenntnis der Art des Objektes, welches er benötigt, und seiner Funktionen. Verwendet der Client die statische Version der Schnittstellen (auch IDL- Rumpf genannt), so benutzt er spezielle ORB- Funktionen und die Methoden müssen schon vor dem Client zur Verfügung stehen. Bei einem dynamischen Aufruf ist die Schnittstelle die Standardisierte wie bei allen Aufrufen von anderen Objekten auch und die Schnittstellen können z.B. erst zur Laufzeit erstellt werden. Die statische Methode ist vergleichbar mit einem Remote Procedure Call (RPC), nur daß hier der Name des Zielrechners nicht bekannt sein muß.

Von der Funktionalität sind aber beide Definitionsmethoden für die Objektimplementierung identisch.

Für weitergehende Literatur siehe [Böker, OMG, ct397, Schw96]

2.5.2.2 Verbreitung

Neben dem schon erwähnten SOMobject von IBM haben auch mehrere andere Softwarehäuser OMG konforme ORBs. So gibt es zum Beispiel schon seit April 1996 CORBA 2.0 konforme Object Request Broker von den Firmen Expertsoft (Powerbroker), SUN (NEO 2.0), HP (ORB+) und das fortgeschrittenste Orbix von IONA [Fingar].

Auch in der Welt der kostenlosen Software gibt es von FASlabs ein Projekt, welches auf CORBA basiert und sich zudem noch zu einem kostenlosen OpenDoc (ein FreeDoc) entwickeln will [Fresko].

Orbix von IONA ist als Orbix für Windows auch für WinNT und Win95 erhältlich. Damit erschließt Iona auch gleich ActiveX, da ihre Betriebssystemerweiterung eine Brücke zwischen OLE/ActiveX und CORBA schlägt. So erzeugt der 'Orbix IDL Compiler' ActiveX controls und der 'Orbix Wizard' macht aus ActiveX- Servern automatisch CORBA konforme netzwerkfähige Clients [Orbix].

NEO Connectivity von SUN für Microsoft Windows - Desktops benutzt auch ein IIOP- konformes Protokoll, um ActiveX Clients an Solaris NEO Applikationen zu knüpfen. Dabei wird eine Bidirektional- Übersetzung von ActiveX - Objekten zu CORBA konformen Objekten gemacht, ohne einen eigenen ORB auf der Client-Seite zu erstellen.

2.5.3 Java

'Java ist eine einfache, objektorientierte, verteilte, interpretierte, robuste, sichere, architekturunabhängige, portable, schnelle, multithread- fähige und dynamische Programmiersprache.' [JavaSoft]

Java gilt als eine Programmiersprache, die aus den Fehlern anderer gelernt und das Programmieren in vielen Bereichen vereinfacht hat. Die Syntax wurde von C++ übernommen, aber durch Wegfall von Redundanzen, die Gleiches auf unterschiedliche Weise formulieren, vereinfacht. So kommt Java ohne einen Precompiler aus und verzichtet dadurch auf #defines und typedefs, welche sich durch Konstanten und Klassendefinitionen ersetzen lassen. Header-Files werden vom Compiler nicht mehr benötigt. Die Analyse der Quelltexte wird wesentlich vereinfacht, weil man sich keinen großen Kontext mehr aneignen muß. Als weitere Redundanzen wurden Structures, Unions und Funktionen durch ihre objektorientierten Entsprechungen, nämlich Klassen und Methoden ersetzt. Ferner wurde auf Pointer- Typen verzichtet, die bisher vorzugsweise für Arrays benutzt wurden. Statt dessen werden sichere Arrays mit Indexüberprüfung angeboten.

Javas objektorientierte Eigenschaften stammen aus den besten Konzepten vorheriger objektorientierter Programmiersprachen wie Eiffel, SmallTalk, Objective- C und C++. Die Beschreibung weiterer Veränderungen gegenüber anderen Programmiersprachen würde den Umfang dieser Arbeit sprengen.

Eine der interessantesten Eigenschaft von Java ist die Fähigkeit eines Objekts, die Lebenszeit seines erzeugenden Objektes bzw. Prozesses zu überdauern. In verteilten Client/ Server- Anwendungen bietet das die Möglichkeit, ein Objekt an einer Stelle zu generieren und im Netz an anderer Stelle zu nutzen. Diese Funktion wird Remote Method Invocation genannt und im nächsten Kapitel vorgestellt.

2.5.3.1 Remote Method Invocation (RMI)

[RMI] RMI ermöglicht das Entwickeln von verteilten Java- zu- Java Applikationen.

Java Objekte können von anderen Java- Maschinen benutzt werden, auch wenn sie auf verschiedenen Computern laufen.

Objekte können sich gegenseitig aufrufen, sobald sie eine Referenz voneinander erhalten. Dies geschieht entweder durch einen Suchvorgang in dem 'Bootstrap Naming Service' von RMI oder durch Übergabe der erforderlichen Werte als Argumente oder Rückgabewerte.

RMI benutzt 'Objekt- Serialisation', um die Parameter zusammenzustellen und auszupacken (marshalling und unmarshalling), wodurch echter 'Objektorientierter Polymorphismus' erreicht wird.

Weitere Betrachtungen zu RMI werden im Kapitel 4.6.2 innerhalb eines Beispiels gemacht.

2.5.3.2 'Joe' das verteilte JAVA

Wobei bei RMI 'nur' eine Java- zu- Java Verbindung ermöglicht, kann Joe mehr: [Joe] Joe 2.0 verbindet Java-Applets, welche in Java- fähigen Webbrowsern laufen, mit Anwendungen innerhalb des Internets oder firmeninternen Intranets.

Joe verwendet dabei einen ORB der entfernte CORBA Objekte auf allen Computern ansprechen kann, die nach dem Industrie- Standard 'Internet Inter- ORB Protocol' (IIOP) entwickelt worden sind.

Die Entwicklung von Anwendungen mit Joe ist möglich, wenn folgende Mittel zur Verfügung stehen: ein SPARC oder kompatibles System, Solaris 2.4 oder höher, Solaris NEO 1.0, Internet WorkShop 1.0, Java Development Kit 1.0, einen HTTP Server und einen Java 1.0 kompatiblen Webbrowser.

Um aber die entwickelten Anwendungen zu benutzen, reicht ein Java 1.0 kompatibler Webbrowser unter den Betriebssystemen Solaris, WinNT oder 95. Eine Macintosh- Variante ist in Entwicklung.

2.5.4 Distributed System Object Model (DSOM)

DSOM wurde von IBM als Erweiterung des System Object Model (SOM) als verteiltes SOM weiterentwickelt. Es basiert komplett auf SOM (welches seit 1991 kommerziell erhältlich ist) und bietet zusätzlich CORBA-konforme Methoden zur Kommunikation zwischen verteilten Objekten.

Da SOM, wie bei der Microsoft- Technologie COM, das Fundament für diese Komponentensoftwaretechnologie darstellt, wird SOM im nächsten Abschnitt näher betrachtet.

SOM wurde von IBM mit dem gleichen Ziel entwickelt, wie COM bei Microsoft. Als drei Hauptmerkmale für SOM wird folgendes herausgestellt [IBMsomobj]:

- SOM- Programme sollen binär verteilbar und als Unter- Klassen wiederverwertbar sein. Dies erlaubt die Auslieferung von Programmen ohne Quellcode.

- SOM- Objekte sollen als Unter- Klassen von verschiedensten Programmiersprachen verwendbar sein und damit nicht an eine spezielle gebunden sein.

- Komponenten sollen unabhängig von ihren Clients verändert werden können. Das bedeutet, daß Clients nicht neu übersetzt werden müssen, um mit dem neuen Server zusammenzuarbeiten.

Diese Forderungen wurden mit SOM erfüllt und zudem mit Fähigkeiten anderer objektorientierter Sprachen verbunden. So erlaubt SOM Vererbung, Einschluß und Polymorphismus, wie es bei C++ möglich ist.

Ähnlich wie bei Objective- C, stellt SOM eine Laufzeitumgebung dar, die binäre Schnittstellen anbietet und damit Implementationsdetails verbirgt. Im wesentlichen bezeichnet IBM SOM als Objekte, die sprachunabhängig und sehr robust von der Laufzeitumgebung angeboten werden.

SOM unterstützt Vererbung von binären Objekten, bzw. Basisklassen. Dies unterscheidet SOM als **objektorientierte** Technologie von COM, die nur **objektbasiert** ist, genau weil sie keine Implementationsvererbung vorsieht, sondern nur Schnittstellenvererbung (siehe auch Kapitel 4).

Um das Problem der Vererbung binärer Objekte zu lösen (welches auch in der Literatur 'Fragile- Base Class Problem' genannt wird), wurde mit SOM ein 'Release- to- Release Binary Compatibility' (RRBC) Mechanismus eingeführt. Dieser erlaubt die Erstellung und Verteilung von neuen Klassen, ohne den nicht- modifizierten Code erneut zu übersetzen. Dies wird ermöglicht durch eine 'Release Order' für Methoden einer Schnittstelle. Dies ist eine Liste, in der alle Methoden einer Schnittstelle in einer einmal festgelegten Reihenfolge erscheinen. Muß nun eine neue Methode zugefügt werden, so kann dies unten an der Liste geschehen. Wird nicht die Reihenfolge der Liste verändert, brauchen Clients nicht neu übersetzt zu werden, wobei neu erstellte Clients diese neue Methode über die 'Release Order' ansprechen können.

Zusätzlich ermöglicht SOM die Referenzierung von Eigenschaften und Objekten, die erst zur Laufzeit bekannt werden. So existiert die Klasse eines SOM- Objektes zur Laufzeit, wobei ein C++- Objekt nur während der Übersetzung lebt. Die SOM- Objekte haben so den Vorteil, während der Laufzeit Dienste anzubieten. So können Clients des Objektes (der Klasse) mit der Methode: `somSupportsMethod(tueDiesOderDas)` erfahren, ob die Methode `tueDiesOderDas` bei dieser Klasse unterstützt wird, oder nicht.

Weitere Dienste, die zur Laufzeit zur Verfügung stehen, sind:

- Bekanntgabe des Namens an den Client.
- Identifikation der Basisklasse.
- Anzeige, ob ein bestimmtes SOM- Objekt eine Instanz der Klasse darstellt.

- Angabe der Größe einer Instanz.
- Angabe der Anzahl der Methoden, die eine bestimmte Instanz unterstützt.

SOM- Objekte können in zwei Arten definiert werden: einerseits durch die CORBA Standardschnittstelle IDL, und andererseits durch die Verwendung von 'DirectToSOM' (DTS) C++ Übersetzern, die aus C++ direkt SOM- Objekte erstellen können. Hierbei muß eine C++ Klasse zuerst von SOMObject abgeleitet werden. Ein Beispiel DTS C++ Objekt wird in Abbildung 11 dargestellt [IBMsomobj]:

Abbildung 11: Vererbungsdiagramm bei DTS

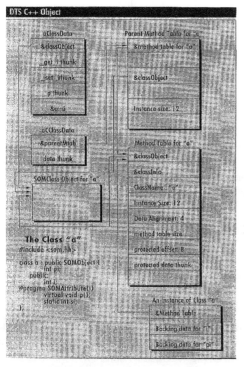

Weitere Betrachtungen werden in dem Kapitel 4.7 mittels OpenDoc erläutert, da OpenDoc eine beispielhafte Verwendung von SOM darstellt.

3 Bestehende Software und Projekte der Firma SICAN

Um zu verdeutlichen, welche Rahmenbedingungen bei der Analyse der Komponentensoftwarekonzepte besteht, wird im folgenden Kapitel die bei der Firma SICAN verwendete Soft- und Hardwarestruktur beschrieben, für die ein Konzept ausgewählt werden soll. Damit wird auch gezeigt, welche Videokonferenztechnik benutzt wird, für welche die Integration in einen Webbrowser geplant wird.

3.1 ProVision Business

Das ProVision Business – Videokonferenzsystem enthält sowohl Hardware- als auch Softwarekomponenten. Die Hardware besteht aus einer PC- Einsteckkarte mit PCI- Bus. Sie besitzt analoge Audio/Video Ein- und Ausgänge. Das Konferenzsystem ermöglicht die Darstellung von maximal vier Videofenstern durch ein patentiertes Mehrfach- Overlay- Verfahren mit einem einzigen Overlay- Chip.

Die verwendeten Datenformate für Audio sind 16 Bit- Samples mit einer Abtastrate von 44,1 kHz bzw. G711-Audio (Schmalband- ISDN). Videodaten werden Motion- JPEG komprimiert und in PAL- Auflösung, bzw. im CIF oder QZIF- Format übertragen. Die Bildwiederholrate beträgt 6-50 Halbbilder/s bei Kompressionsraten von 1:5 bis 1:60. Das Motion- JPEG- Verfahren komprimiert ausschließlich Einzelbilder, wobei Videoframes bei Verlust während der Datenübertragung wiederholt dargestellt werden.

Das Videokonferenzsystem ist für eine ATM-Übertragung der Daten über die NDIS- Schnittstelle ausgelegt, in deren Umgebung zwei Gerätetreiber implementiert sind. Auf der Seite der Videokonferenz wird die Hardware von dem *PAVADRV*- Gerätetreiber der *PAVAHAL* (Professional Audio And Video Hardware- Abstraction- Layer) und auf der ATM- Seite wird der Adapter vom *ATMMAC*- Gerätetreiber gesteuert.

3.2 Verwendete Übertragungssysteme bei den SICAN Produkten

3.2.1 Ethernet

[Grae][Noel] Das *Ethernet* nach IEEE- Norm 802.3 ist die derzeit verbreitetste LAN- Technologie. Es basiert auf der Bus-Topologie mit Koaxialverkabelung. Die an den Bus angeschlossenen Stationen müssen sich das Übertragungsmedium teilen. Der Zugriff wird über das CSMA/CD-Verfahren geregelt. Dabei beobachtet eine sendewillige Station den Verkehr auf dem Bus (CS - Carrier Sense) und sendet, wenn er frei ist. Da mehrere Stationen gleichzeitig senden können (MA - Multiple Access), muß das Protokoll auf eventuelle Kollisionen der Datenpakete reagieren (CD - Collision Detect). *Fast- Ethernet* erreicht mit demselben Zugriffsverfahren 100 Mbit/s, dafür ist die maximale Leitungslänge auf 100 m beschränkt. Als physikalisches Übertragungsmedium kommen vieradrige Unshielded Twistet Pair (UTP) Kupferkabel Typ 3, 4 und 5 (100Base-T) in Frage. Zur Erhöhung der Durchsatzrate werden die Stationen sternförmig an Switches angeschlossen. Der Switch schaltet für die kommunizierenden Rechner quasi eigene Leitungen. 100Base-T ermöglicht es, mit einer vieradrigen UTP-Verkabelung Daten im Vollduplex-Betrieb mit 200 Mbit/s zu übertragen.

3.2.2 TCP/IP

TCP/IP ist die Abkürzung für *Transmission Control Protocol / Internet Protocol*. TCP/IP ist ursprünglich als Übertragungsprotokoll für das Internet entwickelt worden, hat sich aber inzwischen auch als Standardprotokoll für die meisten Firmen- oder Privatnetze (Intranet) durchgesetzt. Das Internet ist das weltweit am weitesten verbreitete Netz und der erreichbare Teilnehmerkreis dementsprechend hoch. Deshalb ist es auch für die Verbreitung der Videokommunikation sehr interessant. Es existieren einige TCP/IP-basierte Lösungen für MM-Videokonferenzen, die aber durch die dem Übertragungsprotokoll inhärenten Eigenschaften (keine gesicherten QoS) in ihrer Leistungsfähigkeit begrenzt werden.

Mit dem *Internet Protokoll* werden Daten *paketorientiert* vermittelt. Paketvermittelnde Netze erlauben das Multiplexen mehrerer Teilnehmerverbindungen über eine physikalische Leitung. Die Verzögerung eines Verbindungsaufbaus entfällt. TCP bemerkt den Verlust von Datenpaketen und sendet sie im Fehlerfall erneut aus. In besonders stark belasteten Netzen sind große Verzögerungen zu beobachten. Aufgrund der vielen auf dem Netz befindlichen Datenpakete ist die Kollisionsrate und damit auch die Verlustrate größer als bei wenigen. Durch die Fehlerbehandlung stellt das TCP eine gesicherte Punkt-zu-Punkt Verbindung her und ist für MM- Videokonferenzen nur eingeschränkt verwendbar.

Das User Datagram Protocol (UDP) ist das zweite Transportprotokoll für IP- Netze. Es verwendet keine Sicherungsalgorithmen: verloren gegangene Datenpakete werden nicht erneut gesendet. UDP erleichtert das Multiplexen mehrerer Datenströme an einem Rechner. Es können aber keine Dienstgüteparameter (Datenrate, Übertragungsprioritäten) vergeben werden. Deshalb ist hier keine Echtzeitübertragung garantiert.

Für Echtzeitanforderungen wurde das *Real- Time Protocol (RTP)* entwickelt, das sowohl Multicast als auch Unicast Verbindungen unterstützt. Bei *Multicast* sind die Daten an eine bestimmte Teilnehmergruppe und bei *Unicast* an einen einzelnen Teilnehmer gerichtet. RTP bietet allerdings keine gesicherte Verbindung. RTP kann sowohl Transportprotokoll als auch oberhalb der Transportschicht in die Anwendung integrierter Bestandteil sein. Für Kontroll- und Steuerfunktionen wurde das *Real Time Control Protocol (RTCP)* entwickelt. Durch periodische RTCP- Statusberichte kann jede Station eine Abschätzung der Dienstgüte vornehmen.

TCP/IP-Netze sind nur dann zur Videokommunikation geeignet, wenn sie nicht stark ausgelastet sind. Bei hoher Netzauslastung muß mit erheblichen Datenverlusten und -verzögerungen gerechnet werden. Beim TCP/IP- betriebenen Multicast Backbone (MBone) treten bei innereuropäischen Übertragungen Paketverluste von 20-30% auf, die zu einer erheblichen Unverständlichkeit des Audiosignals führen.

3.2.3 ISDN

Ende der 80er Jahre wurde *Integrated Service on Digital Network* (ISDN), das dienstintegrierende digitale Telekommunikationsnetz, eingeführt. ISDN ist ein öffentlicher Netzwerkstandard, der von CCITT (Consultative Committee for International Telephony and Telegraphy) und ANSI (American National Standards Institute) genormt wurde.

Es werden 64 kbit/s breite Benutzerkanäle (B- Kanälen) für die Nutzdaten und davon getrennte Datenkanäle (D- Kanäle) für Steuerdaten verwendet. Der Nettodurchsatz ist je nach Anzahl der B- Kanäle (1 - 30) zwischen 64 kbit/s und 1,920 Mbit/s skalierbar.

ISDN ist als Übertragungsmedium für MM- Videokonferenzen geeignet, wenn mehrere B- Kanäle gleichzeitig genutzt werden. In den 64 kbit/s- Kanälen werden garantierte Verzögerungszeiten und garantierte Bandbreiten zur Verfügung gestellt.

3.2.4 FDDI

Ende der 80er Jahre wurde mit dem *Fiber Distributed Data Interface (FDDI)* ein weiterer LAN-Standard mit einer Glasfaser-Ring-Topologie geschaffen, der bis zu 500 Stationen verbinden kann. Damit werden Geschwindigkeiten bis 100 Mbit/s erreicht. FDDI verwendet statt einem mehrere Token, die stochastisch den Netzzugriff regeln. Synchrone Datenströme, wie z.B. Multimedia- oder AV-Daten, haben höhere Priorität als asynchrone. FDDI wird oftmals als Verbindung (Backbone) von Netzwerken geringerer Geschwindigkeit nicht aber als gesamtes LAN eingesetzt.

3.2.5 ATM

Ein weiteres dienstintegrierendes Netzwerk ist das *Breitband-ISDN (B-ISDN)*. Als Transportmechanismus wurde von CCITT der *Asynchronous Transfer Mode (ATM)* festgelegt. ATM wird auch als Synonym für B-ISDN benutzt. Um den Vergleich zum Breitband- ISDN (Broadband-

ISDN; B-ISDN) herzustellen, wird auch der Begriff Narrowband- ISDN (N-ISDN) für das zuvor beschriebene ISDN verwendet.

Die International Telecommunication Union (ITU), ehemals CCITT, welche Netzwerkstandards verabschiedet, beschreibt die Eigenschaften des Breitbandnetzes wie folgt:

'B-ISDN unterstützt geschaltete, semi- permanente und permanente Punkt-zu-Punkt und Punkt-zu-Gruppe Verbindungen und bietet Abruf-, reservierte und ständige Dienste. Verbindungen in B-ISDN erlauben sowohl den leistungsvermittelten als auch den paketvermittelten Betrieb vom mono- oder multimedialen Typ, in verbindungsbehafteter oder verbindungsloser Art und im bidirektionalen oder unidirektionalen Modus.' [Fromme]

ATM gehört als Datenübertragungsverfahren zu den verbindungsorientierten Zellenvermittlungssystemen (Cell Relay). Die Datenströme werden als Zellen (Pakete) konstanter Länge (53 Byte) übertragen. Sie besitzen eine Verbindungsnummer und werden daraufhin über Switches zum Ziel weitergeleitet. ATM wird deshalb als Switched-Media Verfahren bezeichnet: Die Teilnehmer müssen sich nicht die Gesamtbandbreite teilen, da sie direkt (sternförmig) mit einem Switch verbunden sind, der die Gesamtbandbreite nach dem Bedarf der Stationen verteilt. Dadurch sind die entsprechend den Datenraten benötigten Bandbreiten über die Quality-of-Service (QoS) Parameter garantiert. Durch die verbindungsorientierte Übertragung kann eine gesicherte Datenübertragung gewährleistet werden.

Aufgrund der Einzelverbindungen der Endgeräte zum Switch wird kein Zugriffsverfahren benötigt. Deshalb ist die Verzögerungszeit der Datenübertragung geringer als bei den vorgestellten LAN-Technologien.

ATM kann sowohl im LAN als auch im WAN eingesetzt werden. Momentan wird es sowohl in der öffentlichen Vermittlung durch die Deutsche Telekom als auch bei alternativen Anbietern vorwiegend in Backbone-Netzen verwendet. Über einen entsprechenden Switch kann ATM auch mit anderen LAN-Netzwerken zusammenarbeiten. Grundsätzlich ist für ATM kein Transportmedium festgelegt. CCITT empfiehlt lediglich die Übertragung mit 155 Mbit/s (übliche Datenrate) oder 622 Mbit/s bis hin in den Gbit-Bereich. Dafür kommen vieradrige UTP- Kabel und Lichtwellenleiter in Frage.

3.3 SICMM Basisklassen

SICAN MultiMedia (SICMM) Basisklassen stellen das Softwaregerüst der Firma SICAN dar. Dabei handelt es sich um eine Sammlung von Basisklassen, die sich als Bibliothek in eigene VC++ Projekte einbinden lassen.

Nach dem Einbinden dieser Bibliothek stehen alle vordefinierten Funktionen und Klassen zur Verfügung. Um den Aufwand aufzuzeigen, das solch ein Grundprogramm benötigt, wird hier ein Beispiel zum Erstellen einer Applikation mit den SICMM- Basisklassen detailliert erläutert. Die

Motivation dafür ist der anschließende Vergleich der Erstellung eines Programms mit der fertigen Softwarekomponente.

Zuerst wird ein Rohling benötigt: Ein normales XXX.exe Programm muß mit dem Application Wizard erstellt werden, welches 'dialog based' ist, da bisher noch keine Single- oder Multipledocuments (das sind Programme, wie z.B. eine Textverarbeitung, bei denen man ein, oder mehrere Dokumente ansehen und speichern kann) unterstützt werden.

Im Header-File xxx.h müssen die zusätzlichen Ressourcen aus den Basisklassen eintragen werden: Nach #include 'resource.h' muß ergänzt werden:

```
...
#include 'SICMMRes.h'
...
```

In der Datei Xxx.cpp müssen folgende Ergänzungen am Beginn der Datei durchgeführt werden:

```
...
#include 'stdafx.h'
///////////hier:
#include 'Baustellen.h'
#include 'VideoPhone.h'
#include 'VideoDlg.h'
/////////// bis hier

#include 'Xxx.h'
...
```

Die Ableitung der Applikationsklasse nicht mehr aus CWinApp, sondern aus CVideoPhoneApp.

Ein weiteres #define benötigt jede Xxx.cpp- Datei die CVideoPhoneApp benutzt:

```
#define __BASE CVideoPhoneApp
```

Bei der Methode CXxxApp::InitInstance() muß am Anfang der Funktion für folgenden Text gesorgt werden:

```
...
LoadStdProfileSettings();
// Load standard INI file options (including MRU)
if (!__BASE::InitInstance())
    return FALSE;
CxxxDlg dlg(CxxxDlg::IDD);
m_pMainWnd = &dlg;
ASSERT(m_pMainWnd->IsKindOf(RUNTIME_CLASS(CVideoPhoneDlg)));
m_pVideoPhoneDlg = (CVideoPhoneDlg*) m_pMainWnd;
int nResponse = dlg.DoModal();
...
```

Damit die Klassenbibliothek SICMM die Vererbung der Applikationsklasse prüfen kann, ist folgende Zeile am Anfang der Klassendefinition CXxxApp:

```
...
class CXxxApp : public CVideoPhoneApp
{
    DECLARE_DYNAMIC(CXxxApp)
    ...
```

und in der Datei Xxx.cpp die dazu entsprechende Zeile zu ergänzen:

```
...
///////////////////////////////////////////////////////////////
// CXxxApp construction
IMPLEMENT_DYNAMIC(CXxxApp, __BASE)
...
```

Ab nun muß man in den Dateien xxxDlg.cpp/h Veränderungen durchführen, da bisher nur die Applikationsklasse und nicht die Dialogklasse verändert wurde.

In der Datei XxxDlg.cpp folgende Ergänzungen am Beginn durchführen :

```
...
#include 'stdafx.h'
#include 'Baustellen.h'
#include 'VideoPhone.h'
#include 'VideoDlg.h'

#include 'Xxx.h'
#include 'XxxDlg.h'
...
```

Die Ableitung der Dialogklasse darf nicht mehr von CDialog, sondern von CVideoPhoneDlg abgeleitet werden. Zusätzlich muß auch wieder ein dateiweiser Macro definiert werden:

```
#define __BASE CVideoPhoneDlg
```

Damit die Klassenbibliothek SICMM die Vererbung des Hauptfensters prüfen kann, muß folgende Zeile am Anfang der Klassendefinition CXxxDlg ergänzt werden:

```
...
class CXxxDlg : public CVideoPhoneDlg
{
    DECLARE_DYNAMIC(CXxxDlg)
    ...
```

In der Datei XxxDlg.cpp ist dann die dazu entsprechende Zeile zu ergänzen:

```
...
////////////////////////////////////////////////////////////////////////
// CXxxDlg construction
IMPLEMENT_DYNAMIC(CXxxDlg, __BASE)
...
```

Nun müssen noch die Template- Deklarationen projektweit verfügbar gemacht werden. Dies geschieht durch das Anhängen der Zeile:

```
...
#include <afxtempl.h>
...
```

Nun müssen noch die Standard- Suchpfade für Include-Files geändert werden:

```
Build/Settings.../C++/Category=Preprocessor/Additional IncludeDirectories =
..\SICMM
```

Es müssen auch noch die in den SICMM- Klassen verwendeten Ressourcen einbezogen werden. Dies erfolgt nicht durch direkte Einbindung in das laufende Projekt. Statt dessen muß im Ressourcen-Editor auf den obersten Resourcennamen (z.B. 'SICMMTest resources') geklickt werden und über die rechte Maustaste ein direkter Eintrag in das RC- File erfolgen:

```
'SICMMTest resources' /rechte Maus/'Resource Includes...' /Read-Only symbol
directives
```

ergänzen um den Eintrag:

```
#include '..\SICMM\SICMMRes.h'
'SICMMTest resources'/rechte Maus/'Resource Includes...' /compile-time directives
```

ergänzen um den Eintrag:

```
#include '..\SICMM\SICMMRes.rc' (findet sich bei VC 5.0 unter: View / Recource
includes!)
```

Die Icons werden nicht automatisch in das eigene res\ Verzeichnis kopiert, deshalb muß man den Inhalt von SICMM\res\ zu Xxx\res\ kopieren.

Die Datei ..\SICMM\SICMM2.lib wird mit `Insert/Files into Project/*.lib` in die Projektdateiliste aufgenommen. Dies hat den Vorteil, daß die ganze Funktionalität der Basisklassen verborgen bleibt, der Anwender nur die Schnittstelle in CVideoPhoneApp und CVideoPhoneDlg sieht. Man kann auch alternativ eine Object Library Module unter `Build/Settings/Link/General` angeben!

Bei solch einem Vorgehen muß man weiterhin beachten, daß für den Fall einer Umlenkung von Meldungen (Bearbeitung von Messages) ggf. auch die Basisklassen- Funktionen aufgerufen werden müssen. Wird z.B. eine Timer- Message WM_TIMER abgegriffen, muß das Timerereignis auch an die Basisklasse weitergeleitet werden!

3.4 Zusammenfassung und Zielvorstellungen

Für die in dieser Arbeit betrachtete Situation sind folgende Aspekte wichtig:

- Hochauflösende Videokonferenzen,
- Häufig ähnliche Bedienoberflächen,
- Leichte Erweiterbarkeit,
- Einfache Integration in verschiedene Anwendungen,
- Betrieb unter Windows NT und verschiedenen Netzwerken.

Hierfür sind komponentenorientierte Entwicklungskonzepte abzuwägen.

Die Konzentration auf hochwertiges Video wird mit der voranschreitenden Technik begründet. Zukünftige Systeme der Firma SICAN sollen nur noch mit PAL Norm oder besser arbeiten.

Durch die Verwendung des Betriebssystems Windows sollen die Anwendungen in andere Windows-basierte Standardanwendungen Einzug erhalten. So wird geplant, die Videokonferenztechnik als Teil eines kompletten Büroarbeitsplatzes anzubieten.

Die zugrundeliegende Transportstruktur wird hierbei nur soweit betrachtet, daß sie einen ausreichend hohen Datendurchsatz ohne störende Verzögerungen zuläßt. Dadurch wird die Analyse der Entwicklungsumgebungen auf die Erstellung der oberen Anwenderschicht gerichtet.

Als wichtigsten Punkt wird die Erstellung von Applikationen mit den ausgewählten Technologien und deren Teile (den Komponenten der Anwendung) erachtet. Dabei muß eine möglichst hohe Flexibilität der Komponenten erreicht werden. Deshalb wird im nächsten Schritt eine Analyse der Komponentensoftware hinsichtlich dieser Fähigkeiten durchgeführt.

4 Analyse der Konzepte und Frameworks

Innerhalb dieser Analyse werden alle vorgestellten Komponentensoftwarekonzepte aus Kapitel 2 auf die Verwendungsfähigkeit für hochwertige Videokonferenzen untersucht. Dabei werden die Technologien mit der ActiveX- Technologie von Microsoft verglichen, soweit sie vergleichbar sind. Solange sich noch keine Komponentensoftwaretechnik durchgesetzt hat, wird es keine eindeutigen Anforderungen an solche Konzepte geben. ActiveX wird hier als Ausgangsbasis herangezogen. Aus Kapitel 2 folgt das Zwischenergebnis, daß nicht alle Eigenschaften der Konzepte untereinander vergleichbar sind. Als Beispiel kann CORBA dienen, als eine theoretische Spezifikation die in der Implementation von DSOM umgesetzt wurde. Ein weiteres Beispiel ist OpenDoc, das eine Verbunddokumentarchitektur darstellt, die auf SOM aufbaut, aber keinen Zugang zu DSOM besitzt. In der nachfolgenden Tabelle werden deshalb die vergleichbaren Teilkonzepte gegenübergestellt.

Tabelle 1: Vergleichsmöglichkeiten der Komponentenkonzepte

ActiveX	Java/JavaBeans	OpenDoc	(D)SOM	PDO	CORBA
Verbunddokumentarchitektur OLE	-	OLE↔Parts	-	-	-
Komponentensoftwaretechnik COM	COM↔JavaBeans	COM↔SOM	COM↔SOM	-	-
Verteilung der Komponenten DCOM	DCOM↔RMI	-	DCOM↔DSOM	DCOM↔PDO	DCOM↔DSOM DCOM↔NEO

In dieser Tabelle werden die drei Teilkonzepte von ActiveX mit den jeweiligen anderen Technologien verglichen, indem die jeweiligen Namen der Teilkonzepte sich gegenüberstehen und zu ihrer Grundtechnologie zugeordnet wurden.

In dieser Diplomarbeit wird bewußt nicht auf die Fähigkeit einer Verbunddokumentarchitektur eingegangen, da diese nur einen Schritt zur Komponentensoftware darstellte. Hier soll vielmehr die Verwendung von Komponenten im Vordergrund stehen.

4.1 Analyse der Scripting Verfahren

Die grundlegendste Eigenschaft einer Komponentenumgebung ist die Verbindungsmöglichkeit der Komponenten. Welchen Zweck hat ein Konzept, wenn seine Anwendung komplizierter ist, als keines zu verwenden?

Daraus resultiert der Wunsch, Komponenten zu verwenden, ohne das Wissen zu der Erstellung solcher zu haben. Damit wird eine neue Kategorie von Entwicklern geschaffen, die ich im Weiteren als 'erfahrene Anwender' bezeichnen will.

Dieser erfahrene Anwender ist (oder soll) in der Lage sein, mit einem Framework oder Komponentenkonzept, ohne tiefe Kenntnis einer Programmiersprache und ohne viel Zeit zu investieren, speziell auf sein Bedürfnis angepaßte Anwendungen zu erstellen.

Dabei ist es unerheblich, ob dieser Entwickler auch Komponenten erstellen könnte und dies nicht tut, um Zeit zu sparen, oder ob er es nicht kann und dabei aber einen andern Schwerpunkt in der Entwicklung vertieft hat.

Hierfür sind die modernen Programmiersprachen nicht mehr geeignet, da sie immer eine zu hohe Einarbeitungszeit im Vergleich zu Scriptsprachen voraussetzen. Es kommen nur noch Script-Sprachen in Frage. Dies sind ursprünglich Kommandozeilenbefehle an interpretierende Programme, die einzelne Befehle in beliebig komplexe Aktionen umsetzen. Mit dem Fortschreiten der Technik (und damit auch den Erwartungen an diese Interpreter) wurden diese so umfangreich, daß es sich mit ihnen beinahe wie mit einer 'normalen' Programmiersprache programmieren läßt.

In den folgenden Abschnitten werden einige von ihnen vorgestellt und deren Anwendungsgebiete aufgezeigt. Ihnen gemein ist die Verwendung eines Interpreters, so daß alle Sprachen ohne Übersetzungsvorgang abgearbeitet werden.

4.1.1 JScript und Java-Script

Java-Script ist mit eingeschränkten Funktionen und vereinfachter Notation von der Programmiersprache Java abgeleitet worden. Die originale JavaScript- Sprache wurde von SUN und Netscape 1995 zusammen erfunden und findet in den neueren Netscapebrowsern eine Implementation [SUNscript]. Laut SUN ergänzt diese Script-Sprache Java.

Verwendung und steigende Verbreitung findet die Script-Sprache auf HTML-Seiten des World Wide Webs (WWW), wodurch eine einfache Programmierung der Seite ermöglicht wird. Durch die JavaScript- Eventbehandlung onLoad() kann z.B. beim Öffnen einer neuen Webseite eine bestimmte Aktion ausgeführt werden.

Zur Zeit noch in Konkurrenz zu der Realisation der Java-Script Sprache steht der Dialekt der Firma Microsoft, welcher JScript genannt wird und in dem firmeneigenen Webbrowser InternetExplorer (IE) eingesetzt wird [JScript]. JScript unterscheidet sich von Java-Script in dem Umfang und der

Mächtigkeit der Funktionen. Hierbei wurde die Orginalsprache erweitert, wie z.B. bei der Möglichkeit, beim Öffnen mit openPage() auch die Größe und die Position angeben zu können.

Mit dem IE Version 4.0 kündigt Microsoft die 100prozentige Kompatibilität zu dem ECMA-262 (European Computer Manufacturers Association) Standard für JScript an [JScript]. Microsoft soll zusammen mit Sun Microsystems Inc., Borland International Inc. und Netscape Communications Corp. diesen Standard geschaffen haben, wobei Realisierungen von den anderen Firmen noch ausstehen.

4.1.2 Visual Basic Script (VBScript)

VBScript ist eine Interpreter – Programmiersprache, die mit eingeschränkten Funktionen und vereinfachter Notation von der Programmiersprache Visual Basic (VB) von Microsoft abgeleitet wurde. Wie JScript wird VBScript auch auf HTML-Seiten zur Programmierung interaktiver Webseiten verwendet. Zur Zeit ist es möglich, beide Script-Sprachen parallel im IE zu verwenden, indem man die benutzte Script- Sprache benennt.

Tabelle 2: Gegenüberstellung VB/Java- Script

JavaScript Beispiel	VBScript Beispiel
```<HTML>```	```<HTML>```

```
<HTML>
<HEAD>
<SCRIPT LANGUAGE="JavaScript" FOR="window"
EVENT="onLoad()">
<!--window.open("file:Test.htm",
"Pat's Test",
"top=10,left=10,width=400,height=200");
-->
</SCRIPT>
<TITLE>New Page</TITLE>
</HEAD>
<BODY>
</BODY>
</HTML>
```

```
<HTML>
<HEAD>
<SCRIPT LANGUAGE="VBScript">
<!--Sub window_onLoad()
Window.location.href = "Test.htm"
end sub
-->
</SCRIPT>
<TITLE>New Page</TITLE>
</HEAD>
<BODY>
</BODY>
</HTML>
```

Wie in der Tabelle zu sehen ist, wird bei VBScript ein Scriptabschnitt eingeleitet und danach der Name des Unterprogramms festgelegt. So braucht man nach dem Benennen der Sprache nicht jedesmal diese Anweisung zu geben. Bei JavaScript wird innerhalb des Benennens auch das Ereignis festgelegt, bei dem der folgende Code ausgeführt werden soll. Bei einem neuen Unterprogramm wird wieder auch die verwendete Sprache bezeichnet.

In dem Beispiel für JavaScript wird hier exemplarisch JScript verwendet. Einen Unterschied zu dem Original findet man nur in den Angaben für die Größe und Position des neuen Fensters. Ein Browser, der nicht das Microsoft Derivat unterstützt, würde die zusätzlichen Anweisungen nicht beachten und nur die bekannten ausführen.

Unterschiede zu Visual Basic für Applikationen (VBA) (s.u.) gibt es hinsichtlich der Variablenverwendung oder spezieller Browserfunktionen (um z.B. die Version des Scriptinterpreters zu bestimmen). Weiterhin fehlen viele VBA- Funktionen, um spezielle Funktionen zur Steuerung von Daten oder Applikationen zu realisieren. So fehlen die Funktionen, um dynamischen Datenaustausch (DDE), OLE oder auch Dateizugriff zu benutzen, völlig.

Microsoft bezeichnet VBScript ähnlich wie JScript als kleinen, handlichen Zusatz, um VB im Internet einzusetzen. [VBScript]

4.1.3 Visual Basic für Applikationen (VBA)

VBA wird die Script-Sprache von Microsoft genannt, die allen programmierbaren MS- Anwendungen zugrunde liegt. Ähnlich wie VBScript ist auch VBA mit eingeschränkten Funktionen und vereinfachter Notation von der Programmiersprache Visual Basic (VB) von Microsoft abgeleitet worden. [VBA]

Dabei wurde speziell auf die Bedürfnisse eines erfahrenen Anwenders eingegangen, der spezielle Verhaltensmuster für seine Applikation implementieren möchte und dabei das gesamte Rahmengerüst zum Beispiel einer Textverarbeitung verwenden möchte.

Durch diese Programmierbarkeit einer großen, fertigen Standardanwendung (wie z.B. Excel, Word, Access, usw.) erschließen sich neue Möglichkeiten für alle Anwender, die teilweise Programmiererfahrung haben, aber nicht komplexe Programme erstellen wollen. Mit der Einführung von VBA und dessen Verbindungsmöglichkeit zu den Standardanwendungen, können die Bedürfnisse der Anwender gut erfüllt werden.

4.1.4 TCL/Tk

TCL/Tk (*T*ool *C*ommand *L*aguage [mit graphischem Benutzerinterface] *T*ool*k*it) wurde 1987 von John Ousterhout als eine UNIX- Script- Interpretersprache entwickelt. Seit 1994 treibt hauptsächlich SUN die Entwicklung dieser Script-Sprache voran. [SUNtcl]

TCL/Tk wird bei SUN als ein Weg beschrieben, Anwendungen durch einfache Skript – Befehle untereinander zu verbinden und zu erweitern. Gleichzeitig wird mit Plug-Ins eine Erweiterung von Webbrowsern angestrebt.

Durch Interpretation der Befehle wird eine Plattformunabhängigkeit auf Quelltextebene erreicht. Zur Zeit liegen Interpreter für verschiede UNIX- Derivate, Windows und MacIntosh vor. SUN vertreibt zur Zeit die Version 8.0, die erstmalig ein plattformspezifisches 'Look- And- Feel' ermöglicht. Kommunikation mit C/C++ Programmen ist möglich, eine Zusammenarbeit mit Java ist geplant.

An der Cornell- Universität wird eine ActiveX- Erweiterung entwickelt, die ein Ansprechen, von allen ActiveX- ermöglichten Programmen durch TCL- Befehle erlaubt. [Tocx]

4.1.5 Zusammenfassung

Die untersuchten Scriptsprachen sind nur eine Auswahl. Es wurde von Anfang an ein Schwerpunkt auf Windows- basierte PCs und Verwendung innerhalb von Web- Browsern gelegt.

Die Bevorzugung der jeweiligen Sprachen richtet sich einerseits nach der Aufgabe, andererseits nach der gewohnten Programmiersprache des Entwicklers. Unbelastete Anwender werden höchstwahrscheinlich eine Script-Sprache vorziehen, die möglichst nahe an einer gesprochenen Sprache liegt, wobei C- Profis die kompakte Art von TCL/Tk und JavaScript schätzen werden. Tabelle 2 zeigt die wichtigsten Eigenschaften der Scriptsprachen.

Tabelle 3: Eigenschaften von Scriptsprachen

	JavaScript/JScript	VBScript	VBA	TCL/Tk
Reife[3]	Gering	Mittel (VB)	Hoch	Hoch
Browserfähigkeit	Ja	Ja (nur IE)	Nein	Ja (mit Plug-In)
Ähnlich zu	Java	VB	VB	C
Verbreitung[4]	Mittel	Hoch	Hoch	Gering (UNIX: Hoch)

TCL/Tk besticht durch seine Reife und den Umfang. Auf der anderen Seite ist die Anbindung an andere Anwendungen noch nicht optimal gelöst. Erst durch die ActiveX- Erweiterung könnte eine allgemeine Nutzung innerhalb einer Windows-Umgebung komfortabel werden. Weiterhin werden für Browser immer noch Zusatzmodule benötigt. Eine Standardisierung auf Internationaler Ebene, wie bei JavaScript, ist nicht zu erwarten.

VBA hat den Vorteil, bei fast allen Microsoft- Produkten mitgeliefert zu werden. Außerdem wird eine sehr komfortable Entwicklungsumgebung, identisch zu der von VB, eingesetzt. Damit lassen sich, basierend auf den Standard- Anwendungen, viele Bedürfnisse der Anwender erfüllen.

JavaScript und VBScript gleichen sich in ihren Einsatzgebieten so sehr, daß die Entscheidung stark von dem persönlichen Geschmack des Anwenders abhängig ist. Da die Verwendung von VBScript auf den IE von Microsoft beschränkt wird, stellt dies eine entscheidende Einschränkung dar.

Wird JavaScript international standardisiert und zieht auch Netscape in dieser Entwicklung mit, so könnte diese Script-Sprache alleine durch ihre hohe Verbreitung und ihre weiten Einsatzmöglichkeiten zu der führenden werden.

---

[3] Mit Reife wird eine Mischung beschrieben aus: 1. Der Zeit wie lange die Sprache schon benutzt wird, 2. wie fehleranfällig und umfangreich sie dadurch wurde.

[4] Bei der Verbreitung spielt der Bekanntheitsfaktor der Sprache und deren Häufigkeit auf Computersystemen mit.

4.2 Analyse hinsichtlich der Anforderungen für Verteiltes Arbeiten

4.2.1   CORBA

Eines der ausgereiften Konzepte für verteilte Systeme ist die Spezifikation CORBA. Da innerhalb dieser Arbeit die Verwendung von PCs und Windows gewünscht wird, würde als Implementation dieses Standards DSOM von IBM in Frage kommen. Es war keine DSOM Umgebung zugänglich, weshalb die offiziellen Pressemitteilungen von IBM kombiniert mit den Erfahrungen von einer CORBA Implementation von SUN mit Namen NEO als Analysebasis dienen müssen. Diese praktischen Ergebnisse werden in Kapitel 4.5 und 4.9 erläutert. Folgend wird die theoretische Vorgehensweise der Verwendung von SOM beschrieben.

4.2.1.1 SOM / DSOM

SOM könnte die gewünschten Eigenschaften bereitstellen, um die bestehende Softwarebibliothek in leicht wiederzuverwendende Komponentensoftware zu konvertieren. Durch das Ableiten der Hauptdialogklasse `CVideophoneDgl()` von SOMObject würden alle Fähigkeiten von SOM den abgeleiteten Klassen zur Verfügung stehen. Als Vorteil würde diese Ableitung die Fähigkeiten von SOMObject sicher übermittelt, nicht wie bei COM, wo jede Funktionalität vom Programmierer (oder der Entwicklungsumgebung) zugefügt werden muß. COM gibt Richtlinien an, die umgesetzt werden können. Bei SOM werden die gewünschten Fähigkeiten durch das Vererben sicher hinzugefügt.

Als Nachteil hätte man bei der Verwendung von SOM eine Laufzeitumgebung mit dem entsprechenden Overhead: bei COM befindet sich der Code im Programm, welches zu einem größeren Programm führt.

Ein praktischer Versuch, die Bibliothek in eine SOM Umgebung einzubinden, ist nur mit speziellen SOM- fähigen Übersetzern möglich. Eine verwendbare Entwicklungsumgebung wäre VisualAge von IBM. Um weitere Vorteile aus dem Komponentenkonzept zu ziehen, müssen in Zukunft dann auch weiterhin SOM- fähige Übersetzer benutzt werden. Dies hätte zur Folge, daß alle Entwickler auf diese neue Entwicklungsumgebung umsteigen sollten, um die Vorteile zu nutzen.

Weiterhin lautet die Aufgabenstellung, eine Videokonferenz innerhalb eines Webbrowsers zu realisieren. Ob dies mit der SOM Technologie möglich ist, konnte aus den offiziellen Meldungen nicht erkannte werden.

Eine Abwägung dieser Vor- und Nachteile wird am Ende des Kapitels gemacht.

4.2.2 ActiveX

ActiveX ist das Technologiekonzept, welches viele verschiedene Einzellösungen beinhaltet, die hier nach ihrer Einsatzfähigkeit für verteiltes Arbeiten, mit Schwerpunkt Videokonferenzen, einzeln betrachtet werden.

Dabei werden die Teile ausgewählt, die für die Entwicklung auf höherer Ebene interessant sein könnten.

4.2.2.1 OLE, OCX

OCX sind die kleinsten Teile des Komponentensoftwarekonzeptes. Sie können leicht zu größeren Anwendungen zusammengeführt werden und sind auch leicht in den IE einzubauen.

Eine OLE- Verbindung mit einem Dokument ermöglicht ein Drag&Drop im IE und in anderen Anwendungen. So kann man z.b. bei einer mit OLE- ermöglichten Anwendung die gespeicherten Dateien in andere OLE- Container einfügen/öffnen. Wird solch eine Datei in den IE gebracht (entweder mit Öffnen, Laden, Drag&Drop, Copy/Paste, Hyperlink, Scriptaufruf, u.v.m.), verändert sich die Bedienoberfläche in der Art, daß die Menüpunkte der Originalanwendung neben den IE-Menüpunkten erscheinen. Das Originalprogramm existiert im Speicher und wird in seinen Container eingebettet.

Dieses Vorgehen könnte auch nützlich sein, um eine Videokonferenz in den IE zu integrieren, es setzt jedoch die Verwendung von Dokumenten innerhalb der Anwendung voraus. Zur Zeit existiert aber nur eine Software, die ausschließlich als dialogbasierte Anwendung eingesetzt werden kann. Das Erstellen von einer dokumentbasierten Anwendung stellte sich als sehr komplex dar, sollte aber als künftige Erweiterung nicht vergessen werden.

4.2.2.2 Web- Design- Time- Control

Web- Design- Time ActiveX-Controls sind normale ActiveX-Controls, die eine besondere Schnittstelle haben, um Text zu generieren. Zur Entwicklungszeit wird der Text in einer Datei abgelegt und zur Laufzeit vom Web- Design- Time - Control mit bestimmtem Aussehen und Struktur ausgegeben.

Da hier keine Vorteile für die Erstellung von Videokonferenzen gesehen wurden, wird von einer näheren Betrachtung abgesehen. Hier handelt es sich nicht um eine Methode, allgemeine Objekte auf der Webseite zur Laufzeit zu erstellen, welches eine nähere Betrachtung gerechtfertigt hätte.

4.2.2.3 Active Template Library (ATL)

Die 'ActiveX Template Library' ist eine Klassenbibliothek, die das Programmieren von COM-Objekten vereinfachen soll.

Bevor ATL existierte, wurden ausschließlich die 'Microsoft Foundation Classes' (MFC) benutzt, um COM-Objekte zu erstellen. Dies hatte den Vorteil, sehr kleine und sehr leistungsfähige Controls zu entwickeln. Es mußte dafür auch immer die richtige Version dieser Bibliothek bei dem Endanwender installiert sein. Die Laufzeitbibliothek der MFC wird in der Form einer Dynamic Link Library (DLL) geliefert und umfaßt über 1 MByte. Sie eignet sich daher nicht zum Einsatz in schmalbandigen Netzwerken (wie z.B. dem Internet).

ATL bindet die COM - Unterstützung während der Entwicklungszeit mit ein, ähnlich wie bei einem Macro, welches Quellcode erzeugt, nur daß hierbei sogar Typen und Klassen aufgrund dieses Templates erzeugt werden können. Es wird keine Laufzeitbibliothek mehr benötigt, aber die entwickelten Controls verwenden dadurch mehr Speicherplatz.

Für die Betrachtung der Entwicklung hochauflösender Videokonferenzen ist die verfügbare Bandbreite[5] so hoch, daß ein Abwägen der Verwendung von MFC-DLL oder ATL unbedeutend wird. Ein Abwägen von kleinen Controls oder großen dynamischen Bibliotheken ist bei geringeren Bandbreiten wichtig.

Weiterhin ist ATL in der Linux- Version nicht nutzbar, da sie 20 neuere C++- Sprach- Features ausnutzt, die der GNU- Compiler nicht unterstützt. [iX]

4.2.2.4 Control Pad

Das ControlPad ist ein FreeWare- Programm vom MS, welches das Erstellen von Layouts für den IE, mit Hilfe von ActiveX- Controls erleichtert. Hierbei wird das visuelle Aussehen einer Browser- Seite, durch Handhabung ähnlich der eines Zeichenprogramms, bestimmt. Die Objekte (Controls) können beliebig komplexe Funktionen ausführen und sind dabei sehr komfortabel programmierbar.

Für ein Beispiel der Erstellung einer HTML- Seite mit dem ControlPad wird auf das Kapitel 4.4.2 verwiesen.

4.2.2.5 COM

Aggregation

Wiederverwendung von Objekten bei ActiveX bezeichnet die Fähigkeit eines Objektes, die Dienste eines anderen anzubieten. Dies kann entweder durch Containment/Delegation (siehe nächster Abschnitt) oder durch Aggregation geschehen.

Aggregation bedeutet, daß das äußere Objekt die Schnittstellen des inneren als die eigenen nach außen führt. Die Standardschnittstelle IUnknown des eingeschlossenen Objektes (durch die alle anderen erfragt werden) verschwindet als zugängliche Schnittstelle und ist nur noch indirekt durch IUnknown des äußeren Objektes zugänglich. Der Vorteil dieser Version ist der interne schnellere Zugriff auf die Schnittstellen des eingeschlossenen Objektes.

Bei der Entwicklung kann angegeben werden, ob ein Objekt *aggregatable* ist, oder nicht.

---

[5] Hierbei wird bei dem Begriff Bandbreite nicht nur an einen Frequenzabschnitt, sondern auch gleichzeitig einen Datendurchsatz gedacht.

Containment/Delegation

Containment bezieht sich hierbei auf die Schnittstellen des zweiten Objektes. Das erste Objekt wirkt hierbei wie ein Client des zweiten, wobei Anfragen an das zweite Objekt entweder zu dem Objekt selber direkt gelangen können oder durch die Delegation des ersten Objektes.

Der Vorteil dieses Verfahrens ist die Möglichkeit, den Client direkt anzusprechen. Der Nachteil liegt in der indirekten Art und Weise wie über ein zweites Objekt die gewünschte Funktion angesprochen wird. Hierbei könnten sich Verzögerungen akkumulieren, gerade dann, wenn Delegation durch mehrere Objekte hindurch verschachtelt wird.

Zusätzlich ist erhöhter Programmieraufwand nötig, da die Schnittstellen des Serverobjektes, auch bei dem Client vorhanden sein müssen, die dann auf den Server verweisen.

4.2.3 DCOM

DCOM wurde schon eingehend in seiner Struktur vorgestellt. Dem Hauptbestandteil wurde dagegen noch wenig Aufmerksamkeit geschenkt: RPC, der Grundlage für DCOM.

Anschließend an dieses Kapitel wird kurz der Vorgänger von DCOM vorgestellt, da zwischen beiden Technologien nur ein marginaler Unterschied besteht.

4.2.3.1 RPC – IPC

Remote Procedure Call (RPC) läßt individuelle Prozesse einer Anwendung auf beliebigen Systemen im Netzwerk laufen. RPC erweitert das bekannte Modell für Interprozeß - Kommunikation (IPC) durch direkte Aufrufe in einer C- ähnlichen Sprache, die Interface Definition Language (IDL) genannt wird, an entfernte Prozesse.

Programmierer können so verteilte Anwendungen ähnlich einfach erstellen wie lokale.

Die Laufzeit RPC - Funktionen dienen dazu, Aufrufe von verteilten Anwendungen durch logische Verknüpfungen zwischen Client und Server zu ersetzen. Die Verknüpfungen ermöglichen den RPC - Bibliotheken, Anfragen des Clients zu einer Instanz der Schnittstelle des Servers zu leiten.

Um eine Verknüpfung zu erstellen, werden folgende Datenstrukturen und Zeichenketten benötigt:
* Protokollsequenz und Netzwerkadressen
* Endpunkte
* Schnittstellen UUIDs und Versionsnummern
* Objekt UUIDs
* Servernameneinträge in die Serverdatenbank (bei DCOM *Registry* genannt)

Folgend werden einige dieser Themen beschrieben.

Die Serverdatenbank-Einträge haben die Funktion, allen Clients in der Domäne die Möglichkeit zu geben, die Schnittstellen der Server anzusprechen, ohne ihren Namen zu kennen. Ausgewählt werden die Server durch ihre logischen Namen und optionale UUIDs.

Durch diese zentralen Einträge werden mit RPC erstellte Anwendungen leicht zu administrieren, da sich bei einer Verlagerung des Servers nichts für den Client ändert, solange der logische Name und die UUIDs gleich bleiben.

Weiterhin können auch mehrere Server dieselbe Schnittstelle unter den gleichen logischen Namen anbieten. Dann werden Anfragen von Clients so verteilt, daß nicht immer derselbe Server alle Anfragen zugeteilt bekommt und dadurch eine Lastverteilung möglich wird.

4.2.3.2 DCOM vs. RemoteAutomation

Remote Automation ist der Vorgänger von DCOM. Hierbei wird mittels zwei zusätzlichen Modulen die Fähigkeit von Automatisierung genutzt, entfernte Programme anzusprechen. Diese sind der 'Automation Manager', welcher in seinem eigenen Prozeß auf dem Server läuft, und ein 'Automation Proxy' auf der Clientseite. Der 'Automation Manager' wird durch einen prozeßübergreifenden Aufruf vom Server- Stub (ein Stutzen zur Verbindung von Server und Proxy) angesprochen und übermittelt durch RPC den Aufruf an den Proxy (ein Repräsentant der Schnittstellen des Servers beim Client) auf der anderen Maschine, der den Aufruf wiederum an den Client weiterleitet.

Es sind also drei Einheiten damit beschäftigt, einen Aufruf vom Client an den Server weiterzuleiten: ein Client- Proxy, ein 'Automation Manager' und der Server- Stub.

Mit der Einführung von DCOM wurde der 'Automation Manager' entfernt und damit eine direktere Verbindung zwischen Client und Server geschaffen. Nun wird direkt ein RPC- Aufruf von den Proxys und Stubs initiiert. Dies wurde möglich durch eine Veränderung im Betriebssystem und einem zusätzlichen Konfigurationstool, mit dem man die Eigenschaften der entfernten Verbindung vorher einstellt. Veränderungen an existierenden Clients oder Servern, die mit Remote Automation arbeiteten, gibt es nicht.

Durch diese Maßnahmen ergeben sich 25% bis 38% Geschwindigkeitsvorteile, wie durch eine Messung von Fred Pace der 'Microsoft Developer Network Technology Group' nachgewiesen wurde.

Diese Tabelle ist [MSDN] entnommen.

Tabelle 4: DCOM vs. RemoteAutomation

Anzahl der Clients	Übergebene Parameter	Iteration / Client	Durchschnittliche Zeit / Aufruf Remote Automation	Durchschnittliche Zeit / Aufruf DCOM
1	Long Int	100000	11.9 ms	7.3336 ms
1	String	100000	12.4243 ms	7.9435 ms
5	Long Int	25000	23.5905 ms	17.1163 ms
5	String	25000	24.2294 ms	14.0639 ms

4.2.4 PDOs

Portable Distributed Objects (PDOs) wurden als Module von dem Betriebssystem NeXTSTEP von NeXT ausgegliedert. Die hauptsächliche Funktionalität erreichen die PDOs durch die mitgelieferte Laufzeitumgebung für Objective- C und der NeXT Distributed Objects Classes als Klassenbibliotheken.

Aus diesen Gründen wird Objective- C in dem nächsten Abschnitt näher betrachtet.

4.2.4.1   Objective- C

Objective- C ist eine Erweiterung der Sprache C, durch die C zu einer objektorientierten Sprache reifte. Man spricht von einem 'verbesserten C', wenn man C++ meint [NeXTSTEP], aber von einer objektorientierten Sprache, wenn man Objective- C beschreibt. Es gibt Unterschiede zwischen beiden Sprachen. Zum einen kann C++ keine dynamischen Funktionen (das sind Möglichkeiten, die erst zur Laufzeit des Programmes erreichbar sind) hinsichtlich Objekten ausführen (z.B. 'dynamic typing[6]' oder 'dynamic binding[7]'), und andererseits gibt es Eigenschaften von C++, die bei Objective- C nicht existieren.

Weil objektorientierte Sprachen wie Objective- C mit Objekten umgehen können, die bestimmte Eigenschaften erst zur Laufzeit bekommen, braucht diese Sprache eine Laufzeitumgebung.

Eine Laufzeitumgebung dient der Sprache Objective- C als eine Art Betriebssystem, die auf drei bestimmten Ebenen zusammenarbeiten müssen:

1. Bei der Erstellung von Code.

2. Bei der Methodenschnittstelle von NSObject.

3. Bei direkten Aufrufen von Laufzeitfunktionen.

Der Übersetzer bildet die Datenstrukturen, die das Laufzeitsystem benötigt. Jedes Objekt wird von NSObject abgeleitet, so daß dadurch eine einheitliche Möglichkeit zur Methodendefinition existiert. Viele NSObject- Methoden interagieren mit dem Laufzeitsystem. Eine direkte Funktion des Laufzeitsystems ist z.B. die Möglichkeit, jedem Objekt eine Nachricht zu senden.

---

[6] „dynamic typing" beschreibt die Eigenschaft von Objekten, sich dem Laufzeitsystem zur Laufzeit bekannt zu machen. Auch kann das Laufzeitsystem jederzeit das Objekt nach seiner Zugehörigkeit fragen.

[7] „dynamic binding" beschreibt die Fähigkeit, Objekte zu referenzieren, welche erst zu Laufzeit bekannt werden.

4.3 Problemfaktor Entwickler

Komponentensoftware liefert den großen Vorteil für Entwickler, Bauteile zu verwenden, die eine bestimmte Aufgabe erfüllen und dabei über definierte Schnittstellen angesprochen werden können. Bei bisherigen Verfahren, Software wiederzuverwenden, wurden diese Schnittstellen nicht standardisiert, so daß jeder eigene Schnittstellen benutzte oder sogar bestehende Schnittstellen neu definierte, um sie passend zu der Anwendung zu gestalten. Hierbei wurden Schnittstellen oft ersetzt durch neue, nicht kompatible, so daß ältere Programme nicht mehr funktionierten[8]. Um das Problem zu umgehen, müssen die Entwickler bei der Definition höchste Sorgfalt walten lassen; und sogar dabei kann nicht ausgeschlossen werden, daß sich bestimmte Schnittstellen doch noch einmal ändern müssen. Bei echter Komponentensoftware entfällt das Problem, solange das Konzept keine Neudefinition vorhandener Schnittstellen erlaubt.

Weitere Problemfaktoren, um Komponentensoftware zu etablieren, finden sich in der Unsicherheit von Entwicklern, die einzelne Komponenten einsetzen und nicht mit dem Ergebnis zufrieden sind, weswegen sie wieder auf den Standpunkt verfallen, lieber einen eigenen Programmcode zu benutzen. Hier kann nur die Hoffnung auf stabilere und besser dokumentierte Komponenten Abhilfe liefern, durch die das Vertrauen dieser Entwickler gestärkt wird.

In kleineren Softwarefirmen mit wenigen Spezialisten kann auch noch eine latente Angst entstehen, durch Komponentensoftware ersetzbar zu werden. Es könnte die Angst aufkommen, keine eigenen Programme mehr auf unteren Sprachebenen zu erstellen, sondern nur noch Bausteine in höhere Programmiersprachen einzubinden, mit dem Ziel, daß weniger Programmierer vielleicht sogar mehr leisten und Leute freigesetzt werden könnten. Hier muß eine Sinneswandlung geschehen, die Entwickler die neuen Technologien benutzen läßt, um dadurch mächtigere und bessere Programme entstehen zu lassen, ohne eine künstliche Abhängigkeit von Experten zu erzeugen.

4.4 Beispielimplementation zum Vergleich

4.4.1 Einleitung

Hier soll neben den theoretischen Abhandlungen über Implementierungen ein praktischer Vergleich zeigen, wie unterschiedlich die Anforderungen und Realisierungen für Komponentensoftware sind. Es wurde mit ausgesuchten Technologien eine bestimmte Aufgabe implementiert, um dabei den Aufwand der Entwicklung auf verschiedenen Umgebungen anzudeuten.

Als Vergleichsobjekte wurden:

1. Microsofts ActiveX

---

[8] Hier wird Bezug auf das Beispiel einer DLL genommen.

2. SUNs NEO 1.0 (für CORBA) und mit Joe 1.0

3. SUNs JavaJDK 1.2 (RMI)

4. NeXTs PDO

ausgewählt. Da OpenDoc nur noch von IBM angeboten wird und zudem in der Zukunft (wenn es weiterentwickelt werden sollte) auch CORBA konform sein soll, entfiel der praktische Vergleich hiermit. Es entfiel dadurch auch eine wichtige Vergleichsmöglichkeit, um auf die Erstellung von Software auf modernen Entwicklungsumgebungen einzugehen. Um überhaupt einen Vergleich von modernen Werkzeugen zu haben, sind die PDOs von NeXT mit in die Reihe aufgenommen worden.

Die DSOM Technologie von IBM schied aus einem ähnlichen Grund aus wie OpenDoc: auch hier funktioniert der Informationsaustausch CORBA konform. Zudem stand mir während der Diplomarbeit keine OS/2 Maschine zur Verfügung, weshalb ein praktischer Vergleich damit entfällt.

4.4.2 Spezifikation des Testprogrammes

Um den Programmieraufwand zwischen unterschiedlichsten Entwicklungsumgebungen und Plattformen abwägen zu können, sollte man in der jeweiligen Umgebung jeweils dasgleiche komplexe Programm erstellen. Bei zu einfachen Programmen kann der anfängliche Aufwand so groß sein, daß es aussieht, als sei ein Entwicklungswerkzeug ungeeignet, obwohl dessen Vorteil erst bei komplexeren Anwendungen zum Tragen kommt.

Im Rahmen dieser Diplomarbeit ist eine Komplexitätsgrenze vorgegeben. Das einfachste, vorstellbare Programm ist der Klassiker des 'Hello World!' Programms:

Spezifikation No. 1:

• Ein Anwender A startet das Programm

• 'Hello World!' wird auf dem Bildschirm ausgegeben

Dieses Beispiel ist aber zu trivial um verteilte Konzepte und Entwicklungsumgebungen zu testen.

Als die zweite Alternative wurde die in Abbildung 12 gezeigte Aufgabenstellung gewählt:

Abbildung 12: Spezifikation des Testprogrammes

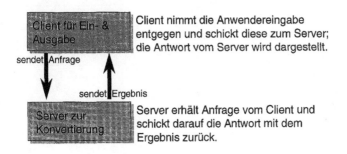

Client für Ein- & Ausgabe — Client nimmt die Anwendereingabe entgegen und schickt diese zum Server; die Antwort vom Server wird dargestellt.

sendet Anfrage

sendet Ergebnis

Server zur Konvertierung — Server erhält Anfrage vom Client und schickt darauf die Antwort mit dem Ergebnis zurück.

Spezifikation No. 2:

- Es existieren mindestens zwei Programme (Server, Client).
- Ein Anwender startet den Client auf Maschine A
- Der Client sucht im Netz nach dem Server
- Der Client schickt dem Server eine Zeichenkette
- Der Server konvertiert die Zeichenkette (z.B. in upper/lowercase) und sendet sie zurück
- Der Client stellt das Ergebnis auf A dar

Um gut vergleichbare Ergebnisse erzielen zu können, wurde die Spezifikation Nummer 2 auf die der Nummer 3 soweit reduziert, das aufgrund dieser Einschränkungen einige der betrachteten Architekturen die Anforderungen einer neuen Spezifikation einhalten konnten. Bei bestimmten Architekturen war zum Einen vorher nicht abzusehen, ob sie für verteilte Umgebungen einsatzfähig sind und zum anderen war teilweise kein echter Rechnerverbund vorhanden.

Spezifikation No. 3:

- Es existieren mindestens zwei Programme (Server, Client).
- Ein Anwender startet den Client auf Maschine A
- Der Client sucht AUF DER SELBEN MASCHINE nach dem Server (kann auch dieselbe HTML-Seite sein!)
- (dies kann auch OHNE Suchen realisiert werden, durch direkter Message-Sendung)
- Der Client schickt dem Server eine Zeichenkette
- Server konvertiert die Zeichenkette (z.B. in upper/lowercase) und sendet sie zurück
- Der Client stellt das Ergebnis auf A dar

4.5 Praktische Realisierung des Beispiels unter ActiveX

Zu den Hauptmerkmalen des ActiveX- Konzeptes zählen Methoden und Events, welche durch OCX-Controls behandelt werden. Als Lösungsarchitektur für die Spezifikation 3 wurde deshalb folgendes Gerüst verwendet:

Abbildung 13: Asynchroner Nachrichtenfluß bei ActiveX

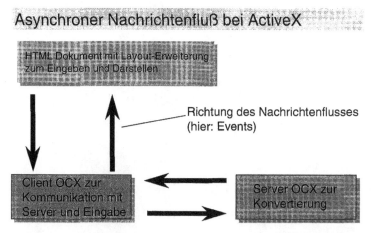

Die Entwicklung von zwei kleinen Controls ist zeitgemäß und gewünscht, da der Rahmen von ActiveX eine Komponentensoftwarearchitektur darstellt, wo diese Einheiten die kleinsten zu verwendenden Teile darstellen.

Die Erstellung eines Controls mit dem hier verwendeten VC++ Compiler von Microsoft wird folgendermaßen realisiert:

- Man startet die Entwicklungsumgebung und wählt 'New'.
- Die Entwicklung erfolgt im weiteren überwiegend interaktiv. Es ist primär wichtig ein klares Entwicklungsziel vor Augen zu haben. Bei diesem Beispiel wurde nach 'New Workspace' (neuer Entwicklungsrahmen) dann auch 'New ActiveX Control' gewählt.
- Als nächster Schritt wird man gefragt, welche grundsätzlichen Eigenschaften das Control haben soll. Ich wählte hier z.B. 'sichtbar' und 'einfügbar' als Control unter jeder Anwendung (die ActiveX unterstützt).
- Am Ende der Erstellung des (ersten) Rahmengerüstes kann man das Control übersetzen und testen. Als fertig implementierte Methode ist der Aufruf für eine 'About Box' vorhanden, welche den Namen des Autors und das Erstellungsdatum angibt. Die Daten hierfür wurden den Standardeinstellungen der Entwicklungsumgebung entnommen.
- Als letzter Schritt fügt man dem Control die gewünschten Eigenschaften und Nachrichten hinzu. Dies wird wiederum durch einen Fragekomplex erleichtert. Diese Hilfe nennt sich 'Wizard' und 'zaubert' den durch Mauseingaben sicher zu übersetzenden Code ohne Schreibfehler in das Rahmengerüst. Abbildung 14 zeigt die dialogbasierte Erstellung eines Events.

Abbildung 14: Hinzufügen eines Events

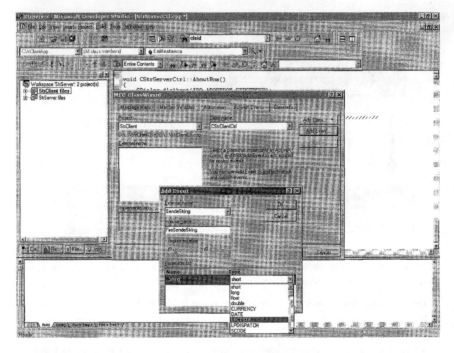

- Die Vorgehensweise, um Methoden zu definieren, ist analog. Zusätzlich wird man auf Wunsch zu der richtigen Stelle verwiesen, um den eigentlichen Code einzugeben.
- Mit dem zweiten Control verfährt man analog.

Beide Controls stehen nach dem Übersetzen in diversen Entwicklungswerkzeugen bereit. Man könnte sie sogar in ein neues ActiveX-Control durch einfaches Einfügen miteinbinden.

Hier wurde, um der Spezifikation 3 zu genügen, das 'Control Pad' als HTML-Entwicklungswerkzeug gewählt.

Dem FreeWare-Programm ControlPad kommt als HTML-Layoutwerkzeug eine besondere Bedeutung zu, weshalb dessen Beschreibung gründlicher ausfällt.

Hier die Schritte zur Verwirklichung einer HTML-Layout-Seite:

- Zuerst bekommt man nach dem Starten des Programms ein HTML-Gerüst zu sehen. Man kann dann wählen, ob man ein ActiveX-Control, oder lieber eine 'Active-Layout-Extension' (Layout-Erweiterung mit der Endung .alx) einfügen möchte. Ich wählte die Layout- Erweiterung, da neben den Controls auch noch Ein- und Ausgabefelder miteinbezogen werden sollten.

- Man bekommt ein neues, leeres Fenster, welches man mit den Inhalten der 'Toolbox' füllen kann. Dort stehen zuerst die Standardbedienelemente wie Eingabefelder und Buttons zur Verfügung. Damit erstellt man das Aussehen der HTML-Seite.

- Als nächster Schritt wurden die beiden selbsterstellten Controls eingefügt (siehe Abbildung 15), welche man über das Kontextmenü 'Additional Controls' auswählt und welche ab diesem Zeitpunkt immer in der Toolbox auftauchen und direkt ausgewählt werden können. Hiermit erfolgt der Übergang vom Erstellen einer Komponente zu der Verwendung dieser. Hier ist auch der Punkt, an dem der erfahrene Anwender zum Einsatz käme. Alle nächsten Schritte könnten in Zukunft Aufgaben dieses Anwenders werden.

Abbildung 15: Werkzeuge des ControlPads

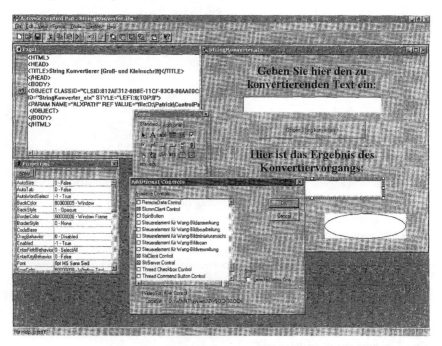

- Als den wichtigsten Schritt für den erfahrenen Anwender kann der nächste angesehen werden: hier wird mittels des 'Script-Wizards' der HTML-Seite Funktionalität zugefügt. Hier verbindet der Anwender die Komponenten durch Scriptbefehle.

Analyse

Abbildung 16: Sichtweisen des ControlPads

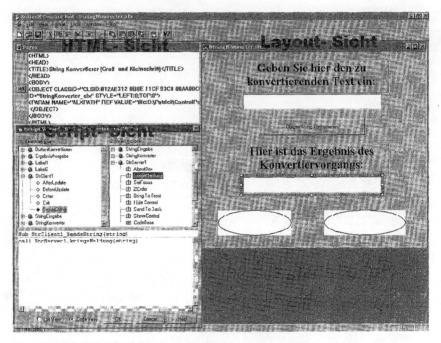

Das Beispiel in Abbildung 16 zeigt die Verbindung von dem StringClient mit seiner sendeString-Methode und des Server- Controls mit seiner kriegeMeldung - Methode.

- Auf der linken Seite des Script-Wizards erscheinen alle Objekte, die auf Event reagieren können, und auf der rechten Seite sind die Objekte zu sehen, die jene Methoden besitzen, die bei bestimmten Events ausgeführt werden. Der erfahrene Anwender braucht nur noch durch Doppelklicken mit der Maus die jeweiligen Events und Actions zusammenzuführen.
- Wie beim InternetExplorer von Microsoft üblich, kann man auch hier frei zwischen VisualBasic-Script (VBScript) und Java-Script (JScript) in der Programmiersprache wählen.
- Das Ergebnis ist mit dem InternetExplorer oder einem Browser mit HTML-Layout-Erweiterung, zu betrachten (siehe Abbildung 17).

Abbildung 17: Ergebnis mit ActiveX

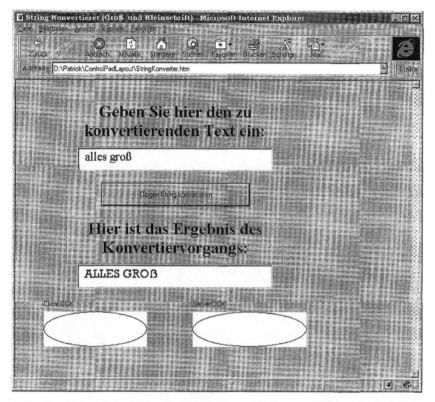

Auch die Verwendung beider Controls auf verschiedenen Rechnern, innerhalb eines Rechnerverbundes, ist mit der ActiveX Technologie möglich. Damit kann dann auch die Spezifikation 2 erfüllt werden.

Die zusätzlichen Schritte sind:

- Man erstellt mit einem beliebigen Compiler, welcher ActiveX und Automatisierung unterstützt, zwei ausführbare Programme.
- Man fügt jeweils ein Control in jedes Programm ein und verbindet die Ausgabe mit dem im Programm erstellten Benutzerinterface (nur Client).
- Zur Initialisierung benötigt der Client die zusätzlichen Funktionen: `CoInitialize` und `CoCreateInstanceEx`, welche ein normales Programm von einem Client unterscheiden. Dadurch werden die CLSID und die IID vom Server zum Client übergeben.
- Der Server muß die zusätzlichen Funktionen: `CoInitialize` und `CoRegisterClassObject` implementieren.

- Das Serverprogramm muß einmal auf dem entfernten Rechner ausgeführt werden, damit seine Registrierung abgeschlossen ist.
- Zusätzlich müssen auf beiden Computern die Rechte zum Ausführen der Programme von einem Administrator eingestellt werden. Dies geschieht durch ein Konfigurationsprogramm mit dem Namen: DCOMconfg.exe. Das Programm bietet einen hohen Komfort, wie man in Abbildung 18 sehen kann.

Abbildung 18: DCOM Konfiguration

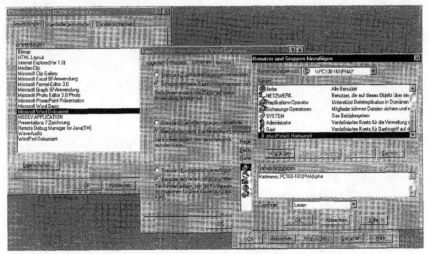

- Der Programmverbund kann nach den erforderlichen Einstellungen ausgeführt werden.

Die Kommunikation bei dem Beispiel unter DCOM ist in folgender Abbildung 19 verdeutlicht. Wie bei COM spielt DCOM nur eine Vermittlerrolle, bis sich die Programme selber direkt (über ihre Stubs und Proxys) unterhalten.

Abbildung 19: Synchroner Nachrichtenfluß bei DCOM

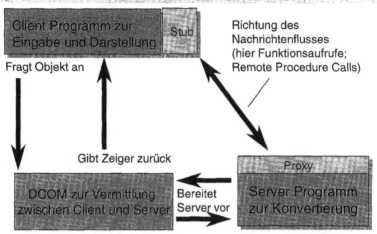

Der Ablauf beim Client-Aufruf ist folgender [Soft97]:

- Der Client ruft als erstes die (D)COM Bibliothek mit CoInitialize auf, um diese für COM Aufrufe zu aktivieren.

- Dann ruft der Client CoCreateInstanceEx auf und übergibt damit die GUID (ein eindeutiger Identifikator (ID)) für die gewünschte Klasse (CLSID) und ein Array von den gewünschten Interface- IDs (IIDs) des Servers an 'seinen' Service Control Manager (SCM).

- Der Aufruf von CoCreateInstanceEx an den SMC der lokalen Maschine, bewirkt, daß dieser nachschaut, ob das angeforderte Objekt schon auf dem lokalen Rechner existiert. Läuft die Serveranwendung noch nicht, findet der SCM mittels der Registrierungsdatei die Adresse des Servers heraus (IP Adresse, DNS Name, etc.).

- Mit Hilfe der durch den SCM erlangten Adresse errichtet der Client eine RPC- Verbindung mit dem Server. Der entfernte SCM untersucht wiederum seine Registrierungsdatei und startet bei Bedarf den Server.

- DCOM ruft CoRegisterClassObject des Servers auf und bekommt so die implementierten Klassen IDs und Zeiger des Servers zurück.

- Der Client, der `CoCreateInstanceEx` aufgerufen hat, bekommt einen Zeiger zurück, welcher auf die gewünschte Schnittstelle des Servers zeigt. Der eigentliche Aufruf der Methode geschieht wie bei einem lokalen Aufruf.

- Die Verbindung zwischen Client und Server geschieht durch RPC- Pakete; der Vorgang des Einpackens in diese Pakete heißt 'marshalling' und wird durch Proxy/Stub DLLs auf den jeweiligen Maschinen übernommen.

Bemerkung:

- Die Proxy/Stub DLLs werden bei der Erstellung der OCX'e durch eine proprietäre Schnittstellenbeschreibungssprache (Interface Definition Language (IDL) oder Object Definition Language (ODL)) definiert und liegen entweder in der .odl oder .idl Form durch die Entwicklungsumgebung generiert bereit. [microsoft](siehe auch Kaptitel 4.5)

4.5.1 Zusammenfassung

ActiveX stellt durch COM eine komplette und reife Komponententechnologie dar. Die Entwicklung von Komponentensoftware ist hiermit soweit automatisiert, daß auch Neulinge einzelne Komponenten ohne viel Aufwand herstellen können.

Die Verbindung einzelner Objekte auf verschiedenen Rechnern funktioniert dagegen noch recht umständlich. Verteilte Komponenten im Sinn von einer verteilten Umgebung werden durch nachträgliches Konfigurieren von vorhandenen Programmen möglich. Dafür müssen Rechte für jeden einzelnen Client und jeden Server vergeben werden. Zusätzlich wird noch jeder Dienst eines Servers einzeln mit Zugriffsrechten ausgestattet. Weiterhin ist die Verwendung der GUIDs umständlich, da es sich hier um eine 128 Bit Zahl handelt. Die Verwendung der GUID wird von Entwicklungsumgebungen verwaltet, aber unter bestimmten Voraussetzungen (wie z.B. das Schreiben von Controls ohne Framework) muß diese von Hand eingetragen werden.

4.6 Direkter Vergleich von CORBA vs. ActiveX

4.6.1 Konzeptvergleich

Wie am Anfangs des Kapitels erwähnt, wird hier der DCOM- Teil von ActiveX mit CORBA verglichen.

Definition und Spezifikation

Der erste Unterschied ist zum einen die Offenheit von beiden 'Quasistandards'. Ist CORBA vorgeschlagen von einem großen Zusammenschluß von vielen unterschiedlichen Firmen (siehe auch die Einleitung zu CORBA), so ist ActiveX (auch wegen seiner Aktualität) erst vor kurzem von

Microsoft einem unabhängigen Konsortium übergeben worden: der 'Active Group'. Diese ist angelehnt an die 'Open Group' und damit in ihren Zielen vergleichbar mit der Object Management Group von CORBA. Bisher ist es der Active Group aber noch nicht gelungen, die ActiveX Spezifikation ähnlich in der Form wie die von CORBA (http://www.omg.org/library/specindx.htm) zu publizieren, womit ständiger Wissensbedarf bei ActiveX Entwicklern bestehen bleibt. Dies kann zum einen daran liegen, daß ActiveX derzeit nur von Microsoft weiterentwickelt wird und dieses Unternehmen die Quellen nicht offenlegt, oder es liegt zum anderen an der ständigen Weiterentwicklung von ActiveX.

Verbreitung auf verschiedenen Plattformen

ActiveX Realisationen liegen zur Zeit nur für Windows- und Macintosh- Systeme vor. Für UNIX-Plattformen ist ActiveX geplant, aber zur Zeit sind immer noch lediglich Betaversionen erhältlich (siehe auch DCOM für UNIX). Für CORBA stehen neben 16-bit MS-DOS und Windows Produkten auch schon 32-bit Anwendungen für Windows (NT und 95), verschiedene UNIX- Derivate, OS/2, OS/400, MacOS, VME, MVS, VMS und Echtzeitsystemen zur Verfügung.

Internet- Kompatibilität

Während CORBA explizit für sehr große Netze geplant wurde, ist ActiveX mit dem vom PC aus entstandenen Distributed Component Object Model (DCOM) nicht für sehr große Netze geeignet. So benutzt DCOM z.B. RPC und stellt zwei eigene Methoden vor, um Objekte im Netz anzusprechen: Entweder man kümmert sich als Entwickler selber explizit um die Einrichtung und Freigabe der Objekte (was häufig dazu führt, daß man genau dies vergißt), oder man benutzt eine Methode, seine Objekt im Netz 'am Leben' zu erhalten, die 'Pinging' genannt wird. Dazu erwartet jedes Objekt eine 'Bleib- am- Leben- Nachricht', die alle zwei Minuten empfangen werden muß. Andernfalls löscht sich das Objekt selber nach drei nichtempfangenen Nachrichten.

CORBA hingegen arbeitet nach dem Standard IIOP 2.0 über das Internet auch mit fremden ORBs zusammen und hat damit die letzte Hürde zu einem verteilten System genommen.

Vereinbarkeit beider Architekturen

Obwohl ActiveX als Konkurrent für CORBA angesehen werden muß, hat die OMG schon 1995 eine COM/CORBA Zusammenarbeit spezifiziert, was dazu führte, daß Orbix (eine CORBA- konforme UNIX Variante von IONA) eine Brücke zwischen ActiveX und CORBA bauen kann.

Technische Umsetzung

Beide Plattformen gehen von einem Objektmodell aus. Diese Gemeinsamkeit bedeutet bei beiden Modellen eine starke Kapselung von Daten und Funktionen die nur über streng definierte Schnittstellen einen Zugang zu der gewünschten Funktionalität gewährt. Bei beiden Modellen stehen die Schnittstellen somit im Vordergrund. CORBA setzt außerdem die

Definition der Schnittstellen voraus, bevor die Objekte näher spezifiziert werden. Bei DCOM wird diese Schnittstellendefinition implizit bei der Programmierung innerhalb der Entwicklungsumgebung automatisch vorgenommen.

Bei CORBA existiert immer nur genau eine Schnittstelle pro Objekt, die mehrere Methoden zugänglich macht. DCOM ermöglicht dabei aber die Definition von beliebig vielen Schnittstellen mit beliebig vielen Methoden. Wo CORBA eine Möglichkeit anbietet, die Schnittstelle zu vererben, um Quellcode wiederzuverwenden, ermöglicht DCOM dagegen neben der Delegation von einer Schnittstelle zur nächsten, auch Aggregation und damit eine echte Möglichkeit ein fremdes (binäres und damit nicht einsehbares) Objekt in das eigene einzubetten. Diese Aggregation funktioniert auch auf unterschiedlichen Entwicklungsplattformen und zwischen verschieden Sprachen. Hiermit bietet DCOM eine Eigenschaft an, die bei keiner anderen Komponentensoftware zu finden ist.

Weitere Unterschiede bestehen in dem Umgang mit den Schnittstellen an sich. Wobei CORBA einen eigenen Namens- Dienst definiert, um den Namen eines Objekts mit dessen Objektadresse zu verbinden, stellt DCOM solch einen Dienst nicht bereit. Bei DCOM wird mit einem Zusatzprogramm eine UUID (Universal Unique Identifier, identisch mit GUID, siehe auch Glossar) erzeugt, die sicherstellt, daß auch bei zwei identischen Schnittstellennamen die richtige Schnittstelle angesprochen wird. CORBA hingegen bedient sich dem erwähnten Namens- Dienst, welcher hierarchisch organisiert ist und damit einer Baumstruktur entspricht. Hierbei wird der Name einer Schnittstelle durch einen absoluten Pfad an der Wurzel, bis zu den Knoten, definiert.

4.6.2 Realisierungen und Erhältlichkeit

CORBA- Implementationen gibt es für fast alle Computer- Plattformen und in mehreren Ausführungen. Solange eine Realisierung den IIOP- Standard unterstützt, können auch ORBs verschiedener Hersteller gemischt werden, um z.B. in einem heterogenen Netzverbund die besten Umsetzungen des CORBA- Standard zu benutzen. Für eine aktuelle Liste aller Anbieter wird auf [CORBA] verwiesen.

4.6.3 Praktische Realisierung des Beispiels unter NEO

Die hier benutzte Entwicklungsplattform stammt von der Firma SUN und nennt sich Solaris NEO. NEO ist eine Betriebssystemerweiterung von Solaris 2.4 und baut auf DOE (Distributed Object Environment) auf.

Durch die Unterstützung des Institutes für Rechnernetze und Verteilte Systeme der Uni-Hannover war es möglich, eine CORBA- Umgebung zu testen, indem mir eine Entwicklungsumgebung zur Verfügung gestellt wurde.

Bei NEO 1.0 handelt es sich um ein Produkt aus dem Jahr 1995. Die Version 2.0 war nicht verfügbar, was bei diesem Beispiel aber keine Rolle spielt, da die Funktionen zur Realisierung der Spezifikation 2.0 funktionierten, wobei aber auf eine graphische Oberfläche verzichtet wurde.

Mit dem Produkt JOE stellt SUN eine graphische Entwicklungsoberfläche vor, die mit der Sprache Java auf alle NEO- Dienste zugreifen kann. In dem Rahmen dieser Diplomarbeit war es mir nur möglich, mich kurz in das System einzuarbeiten. Deshalb wird hier die Entwicklung des Beispieles unter NEO detailliert beschrieben und für JOE ein grober Überblick geschaffen.

Die Struktur des Beispiels wird in Abbildung 20 verdeutlicht.

Abbildung 20: Synchroner Nachrichtenfluß bei CORBA

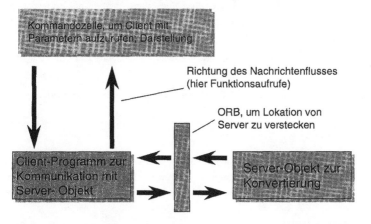

4.6.3.1 Die Schnittstelle

Wie bei CORBA- Programmen üblich, wird zuerst die zu exponierende Schnittstelle beschrieben. Dies geschieht in der CORBA- eigenen Interface Description Language (IDL). Es wird mit einem Texteditor eine Datei in einem eigenen Verzeichnis erzeugt, die folgendermaßen aussieht:

```
/* Beispiel von kleinGROSS.idl */
module klein_GROSS{

    interface kleinGROSS   {
        string get_string(in string zeichen);

    };
};
```

Je Modul gibt es eine Schnittstelle (Interface), wobei die Namen von Modul und Schnittstelle unterschiedlich sein müssen. Innerhalb der Schnittstellenbeschreibung werden die Funktionen definiert, die der Server später implementieren wird.

Als nächstes muß diese Schnittstelle gleich registriert werden, damit bei der weiteren Implementierung eine automatische Überprüfung greifen kann. Zu diesem Zweck wird eine Datei in demselben Verzeichnis benötigt, welche angibt, wie das Quellgerüst zu behandeln ist. Die Datei wird Imakefile genannt und sieht wie folgt aus:

```
/* IMakefile von kleinGROSS */

PARAM_ODF_DIR=/opt/SUNWdoe/include/odf

/* Use ODF rules, targets and environment variables for building programs */
include $(PARAM_ODF_DIR)/Makefiles/Makefile.odf

IDL_Library(kleinGROSS)
```

Der Kommandozeilenbefehl odfimake (im selben Verzeichnis) führt zu der Erzeugung der Datei Makefile, welche hier durch make dem Compiler die entsprechenden Anweisungen zur Erzeugung einer Schnittstelle zufügt.

Es werden damit die dynamischen Bibliotheken erzeugt, die als Stub dem Client Zugriff auf das Objekt ermöglichen.

Durch den Befehl make register wird die Schnittstelle in dem Interface Repository eingetragen und damit bekannt gemacht.

4.6.3.2 Der Server

Um dem Entwickler nicht ganz das Risiko zu überlassen, fehlerfreien Code zu produzieren, existiert ein Preprozessor, der ein Quellgerüst generiert, welches nur noch mit C/C++ Funktionalität gefüllt werden muß. Um dies zu nutzen, wird eine Datei mit der Endung .impl in einem eigenen Verzeichnis benötigt.

```
/* kleinGROSS.impl */

import 'kleinGROSS.idl';

implementation kleinGROSSImpl : klein_GROSS::kleinGROSS {
creator new_object();
service = 'kleinGROSS';
};
```

Um ein entsprechendes Makefile zu erzeugen, ist dieses Imakefile notwendig.

```
/* Dieses Imakefile baut das Gerüst und den kleinGROSSObject server */

PARAM_ODF_DIR=/opt/SUNWdoe/include/odf

/* Use ODF rules, targets and environment variables for building
programs */
include $(PARAM_ODF_DIR)/Makefiles/Makefile.odf

/* This program depends on the following IDL */
SERVER_kleinGROSS_LIBS = Cos kleinGROSS
```

```
/* The include files for the IDL */
INCLUDES += -I../../include -I../../include/odf_output

/* The development libraries for that IDL are found in ../include */
SERVER_kleinGROSS_LIBPATH = $(PWD)/../../include
SERVER_kleinGROSS_RUNPATH = $(PWD)/../../include

/* Name the server program 'kleinGROSSObject' */
SERVER_HelloWorld_PROGRAM = kleinGROSSObject

/* Build the kleinGROSSObject program */
BasicServerProgram(kleinGROSS)
```

Wieder wird durch odfimake das Makefile und mit make copy_samples das Quellgerüst erzeugt.

In diesem Gerüst müssen die entsprechenden Stellen mit Funktionalität ausgestattet werden.

```
//
// Sample C++ implementation for kleinGROSS.impl
// Generated by odfcc version ODFBE_0.25 (version date: 18 Sep 1995)
//
#include 'kleinGROSSImpl.hh'
#include 'odf_output/OdfkleinGROSSImpl.hh'

//
// Member functions for kleinGROSSImpl class
//
/********************************************************************/
// kleinGROSSImpl::get_string
/********************************************************************/
CORBA::String
kleinGROSSImpl::get_string(
    const CORBA::String zeichen
)
    throw(::CORBA::SystemException)
{
    CORBA::String function_result;

    // *** INSERT YOUR CODE HERE ***

    // \/ REMOVE \/
    throw(::CORBA::NO_IMPLEMENT());
    // /\ REMOVE /\

    return function_result;
}

/********************************************************************/
// kleinGROSSImpl::_initialize_new_object
/********************************************************************/
// An initialization hook called from creator OdfkleinGROSSImpl::new_object
void
kleinGROSSImpl::_initialize_new_object()
{
    // *** INSERT YOUR CODE HERE ***

}
```

Der resultierende Server Quellcode sieht dann wie folgt aus:

```
//
// Sample C++ implementation for kleinGROSS.impl
// Generated by odfcc version ODFBE_0.25 (version date: 18 Sep 1995)
//
#include 'kleinGROSSImpl.hh'
#include 'odf_output/OdfkleinGROSSImpl.hh'
#include <ctype.h>
```

```
//
// Member functions for kleinGROSSImpl class
//
/****************************************************************************/
// kleinGROSSImpl::get_string
/****************************************************************************/
CORBA::String kleinGROSSImpl::get_string
(
  const CORBA::String zeichen
)
  throw(::CORBA::SystemException)
{
  CORBA::String function_result;

  char *a;
  a=zeichen;
  while (*a) { *a=toupper(*a++); };

  function_result=zeichen;
  return function_result;
}
/****************************************************************************/
// kleinGROSSImpl::_initialize_new_object
/****************************************************************************/
// An initialization hook called from creator
OdfkleinGROSSImpl::new_object
void kleinGROSSImpl::_initialize_new_object()
{
// *** INSERT YOUR CODE HERE ***
}
```

Hiernach muß mit dem Befehl make und dem anschließenden make register das Server- Objekt bekanntgemacht werden.

4.6.3.3 Der Client

Durch die Ableitung des Client- Hauptprogrammes von ODF, kann man die Funktion ODF_find aufrufen, um damit das Serverobjekt aufzufinden und zu benutzen.

Die Verwendung der entfernten Funktionen des Servers unterscheidet sich nicht von der normaler C++ Aufrufe.

```
// kleinGROSS Clientquelltext
#include <stdio.h>
#include <iostream.h>
#include <odf/odf.hh>
#include 'kleinGROSS.hh'

int
ODF::application_main(int argc, char **argv, char **envp)
{
  ODF_ObjRef<klein_GROSS::kleinGROSS> hello;

  try {

   ODF_find(hello, 'kleinGROSS');
  } catch (ODF::Service::Exception &exc) {
    fprintf(stderr, 'Kann OBJEKT:kleinGROSS nicht finden\n');
    return 1;
  }

cout << 'Der eingegebene Text war:' << argv[1] << endl
     << 'Das Ergebnis ist:' << hello->get_string((const String) argv[1]) << endl;
```

```
  return 0;
}
```

Wieder wird ein Imakefile zur Übersetzung benötigt:

```
/* This Imakefile builds the kleingross client. */

PARAM_ODF_DIR=/opt/SUNWdoe/include/odf

/* Use ODF rules, targets and environment variables for building programs */i
nclude $(PARAM_ODF_DIR)/Makefiles/Makefile.odf

/* Also search ../include and ../include/odf_output for header files. */
INCLUDES += -I../../include -I../../include/odf_output

/* This program depends on the following IDL */
CLIENT_kleingross_LIBS = kleinGROSS

/* The libraries for development mode IDL are found in ../include */
CLIENT_kleingross_LIBPATH = $(PWD)/../../include
CLIENT_kleingross_RUNPATH = $(PWD)/../../include

/* .o files used in this program */
CLIENT_kleingross_OBJECTS = \
        Obj/kleinGROSSClient.o

/* Suppress inclusion of this directory's binaries -- only the ones in
 * DynamicNotification get packaged. */
CLIENT_kleingross_PACKAGE_OVERRIDE=1
PARAM_PACKAGING_DIR =   $(PWD)/../../packages

/* Build the kleingross program */
BasicClientProgram(kleingross)
```

Nach der Übersetzung steht ein Programm mit dem Namen kleingross bereit, welches das gewünschte Resultat liefert. Dabei wird die zu konvertierende Zeichenkette als Argument eingegeben. In Abbildung 21 zeigt die Ausgabe des Programms kleingross.

Abbildung 21: Ausgabe des NEO- Konvertierprogramms

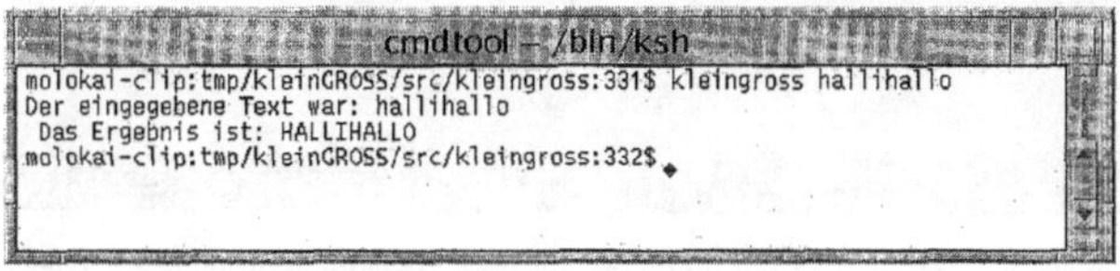

```
molokai-clip:tmp/kleinGROSS/src/kleingross:331$ kleingross hallihallo
Der eingegebene Text war: hallihallo
  Das Ergebnis ist: HALLIHALLO
molokai-clip:tmp/kleinGROSS/src/kleingross:332$
```

4.6.3.4   Joe 1.0

Joe ist ein NEO- Aufsatz von SUN, mittels dessen man die CORBA- Funktionalität auch innerhalb von Web- Seiten und mit Java nutzen kann. Hierbei wird NEO als Architektur und Java als Sprache benutzt. Beides wird in ähnlicher Form, nur ohne deren Kombination, in anderen Abschnitten erläutert, weshalb hier nur Joes Existenz mittels eines Beispiels erwähnt wird.

Mit der Joe 1.0 Distribution existiert eine Einführung, in der eine Beispielanwendung vorgestellt wird. Es wird ein Szenario erdacht, in dem die über das Internet Beteiligten bei einer Abstimmung teilnehmen. Die Eingabe erfolgt über einen HTTP- Server, welcher einen Joe- Client versendet. Auf dem Rückweg des Ergebnisses wird (wie in Abbildung 22 zu sehen) ein NEO- Dienst verwendet, um die Antworten in einer Zentralen Datenbank auszuwerten.

Abbildung 22: Joe- Beispielanwendung einer Internet- Umfrage

Die Entwicklung eines Joe- Programmes wird mit einer graphischen Oberfläche erleichtert. Hier dient das Projecttool (projtool) dazu, Quellgerüste für die graphische Ein- und Ausgabe, für IDL Code und die anderen Java-Klassen zur Verfügung zu stellen. Abbildung 23 zeigt die Oberfläche dieser Entwicklungsumgebung.

Die Entwicklungsumgebung erschien aber noch sehr unkomfortabel und reagierte sehr träge, was auf eine Programmierung in Java hindeutete. Inzwischen gibt es eine Version 2.0 von Joe, welche aber nicht zugänglich war.

Abbildung 23: Joe- Entwicklungsumgebung

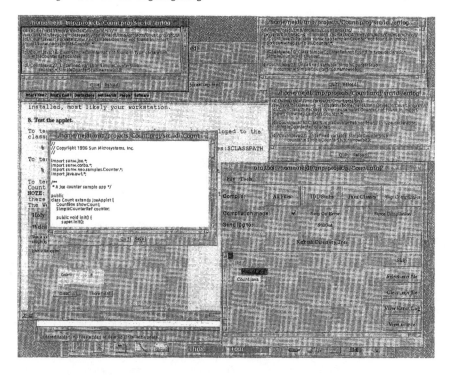

4.6.4 Auswertung

NEO in der Version 1.0 wirkte als Vertreter für textorientierte Komponentensoftware für verteilte Umgebungen fortgeschritten, aber veraltet, da, zum Beispiel bei wichtigen Administratorfunktionen, lange und unübersichtliche Kommandozeilen eingegeben werden müssen. Trotzdem erscheint die Verwendung von Klartext bei Namen von Servern und angebotenen Diensten besser als bei DCOM.

Die Verteilung von Objekten ist nicht so variabel hinsichtlich Änderungen des Servers oder Clients. Bei NEO muß jeder Client neu übersetzt werden, nachdem sich der Server geändert hat. Dies hat zur Folge, daß parallele Entwicklung von dem Client, ohne vorher den Server registriert zu haben, nicht möglich ist. Der Übersetzer prüft während des Übersetzens, ob die angeforderten Server mit entsprechenden Schnittstellen vorhanden sind. Diese Erleichterung zur Erstellung robuster Programme wirkt negativ für ein Entwicklerteam, welches größere Client/Server Anwendungen erstellen will. Auch sonst wirkt NEO 1.0 nicht wie eine professionelle Entwicklungsumgebung, was auch bei der fehlenden Fehlerbehandlungsumgebung sichtbar wird. Als Teil des Solaris Betriebssystem scheint

NEO eher den universitären Anforderungen zu genügen und damit als Forschungs- und Testplattform Anwendung finden zu können.

Mit der Fähigkeit, das IIOP zu nutzen, wird es mit NEO möglich, zwischen den meisten Computerplattformen zu kommunizieren. Selbst Windows- Realisationen von CORBA mit dem IIOP sind geplant (JavaBeans) oder vorhanden (Orbix/Iona) und machen CORBA damit zum Standard für verteilte Systeme.

4.7 Direkter Vergleich von Java(Beans) vs. ActiveX

In dieser Gegenüberstellung muß ActiveX mit einem Komponentensoftwarekonzept konkurrieren, welches erst einige Wochen auf dem Markt erhältlich ist, dafür aber sehr spezialisiert ist. JavaSoft wirbt mit der offenen Architektur, Plattformunabhängigkeit, Netzwerkfähigkeit und der natürlichen Weiterentwicklung von Java allgemein. Meines Erachtens ist aber diese Weiterentwicklungsfähigkeit auch so zu bewerten, daß JavaBeans noch vor einem weiten Weg zu einem wirklich verteilten Komponentensystem steht, wobei ActiveX die meisten Probleme zur Zeit behandelt.

Weiterhin bleibt auch der 'Java- Nachteil' (welcher eigentlich ein Vorteil sein sollte), daß Applets interpretiert werden müssen, wodurch eine sehr starke Verlangsamung in der Ausführung der Programme resultiert. Auch mit dem Just in Time (JIT)- Compiler gelangen Java- Programme gerade beim wiederholten Benutzen desselben Programms in Bereiche, in denen übersetzte Programme ausgeführt werden. Abhilfe kann nur ein Java- Betriebssystem und/oder ein spezieller Java- Prozessor bringen. Bis dahin sollte man zeitkritische Themen mit übersetzenden Werkzeugen bearbeiten. Der Vorteil, die entwickelten Programme überall lauffähig zu haben, ist bei der Entwicklung von Software für eine spezielle Hardware sofort nichtig. Ehe dies bei Java- Maschinen funktioniert, hat sich die ActiveX Technologie soweit verbreitet, daß eine Diskussion deshalb auch nicht mehr notwendig ist.

Sollten sich aber die Randbedingungen ändern, so ist JavaBeans ein ernstzunehmender Mitstreiter bei den Komponentensoftwarekonzepten.

Der Anschluß an diese Technologie kann aber ohne weiteres durch Brücken von der einen zu der anderen Komponentensoftware gehalten werden. So bietet zum Beispiel Taligent (eine IBM Tochter) den 'JavaBeans Migration Assistent for ActiveX' an [Taligent]. Dieser ermöglicht die Umwandlung von ActiveX- Controls in echte JavaBeans. Außerdem ist auch eine Brücke zur Einbindung von JavaBeans in ActiveX Containern durch eine JavaSoft Brücke möglich.

4.7.1 Realisierungen und Erhältlichkeit

In jüngster Zeit sind viele Produkte angekündigt worden, die Beans produzieren. Diese Aufstellung von Ankündigungen kann aktuell unter [JavaBeans] nachgelesen werden:

- Borland's JAVABEANSuilder^{TM}
- BulletProof Corporation's JDesignerPro 2.1

- Informix's Data Director for Java
- IBM's Visual Age ® for Java
- KonaSoft's KonaSoft Packajar 1.1
- Lighthouse Design's JavaPlan
- Lotus Development's BeanMachine™ (formerly AppletAuthor)
- ObjectShare's Parts for Java 2.0
- OMNIS Software's OMNIS Studio v. 1.0
- Penumbra's Super Mojo
- SFS Software's Iavadraw
- Silicon Graphics' Cosmo Code
- SunSoft's Java Workshop™ 2.0
- SuperCede's SuperCede 2.0
- Sybase's PowerJ 2.0
- Symantec's Visual Cafe
- Taligent's VisualAge® WebRunner ™ Toolkit
- Tek-Tools' Kawa
- Vision Software Tools' Vision JADE

In Entwicklung:
- Applicom Software's RadJa
- Imperial Software Technology's Visaj™
- JRad Technologies' j.rad
- Netscape's Visual JavaScript
- Pierian Spring Software's Digital Chisel 3
- SunSoft's Java Studio™
- TV Objects Corporation's Applet Designer Enterprise v 2.0
- Unify's Vision
- Visix Software's Vibe

Als Brücke zu ActiveX wird direkt von JavaSoft (SUN) eine Realisierung angeboten. Sie ist kostenlos seit September 1997 unter: http://splash.javasoft.com/beans/bridge/ erhältlich.

Diese Brücke ermöglicht:

1. die automatische Erstellung einer Type- Library und der nötigen Einträge für die Windows-Registry,

2. einem Bean, Events abzufeuern, die auch vom ActiveX- Container empfangen werden können,

3. den Aufruf von Methoden des Bean aus einer ActiveX- Umgebung heraus.

Durch diese drei Maßnahmen wird ein Bean zu einem vollständigen ActiveX- Control, welches sich in das ControlPad, in VB und in andere Entwicklungsumgebungen einfügen läßt.

4.7.2 Praktische Realisierung des Beispiels unter Java mittels RMI

In diesem Abschnitt wird die Erstellung des Beispiels nach Spezifikation Nummer 2 mittels der Programmiersprache Java von SUN beschrieben. Da JavaBeans die eigentliche Komponentensoftwarearchitektur darstellt, sollte dieses betrachtet werden, was nicht möglich war, weil

1. JavaBeans (noch) nicht für verteilte Aufgaben vorgesehen war,

2. JavaBeans sich nur durch Standardschnittstellen vom 'normalen' Java unterscheidet,

3. Joe eine Java- Version von NEO ist (siehe auch Realisierung mittels CORBA) und

4. JavaBeans in der Zukunft CORBA- konform mit verteilten Umgebungen umgehen wird.

Deshalb wurde hier die Implementierung mittels Javas Remote Method Invocation (RMI) durchgeführt, um der Spezifikation Nummer 2 zu genügen. Im Anschluß wird die Spezifikation Nummer 3 realisiert, welche sich nicht sehr von der mit JavaBeans unterscheiden wird. [Wolpers][JavaSoft].

4.7.2.1 HTML und Java Quelldateien

Es wurden vier Quelldateien für die Durchführung benötigt:

1. Die Java- Schnittstellenbeschreibung.

2. Das Java- Server Objekt, welches die beschriebenen Schnittstellen implementiert.

3. Das Java- Applet, welches die Methoden des Servers benutzt.

4. Der HTML- Code, welcher das Applet referenziert.

4.7.2.2 Definition der Schnittstelle

Um RMI zu benutzen, muß ein Programm eine Schnittstelle mit den folgenden Eigenschaften implementieren:

- Die Schnittstelle muß öffentlich sein, sonst darf auch der Client nicht darauf zugreifen.
- Die Schnittstelle muß die Schnittstelle `java.rmi.Remote` erweitern.
- Jede Methode muß `java.rmi.RemoteException` deklarieren (neben ihren eigenen Ausnahmen).
- Sollte ein entferntes Objekt als Argument oder Ergebnis übergeben werden, muß dieses als entfernte Schnittstelle deklariert werden.

Als nächstes folgt die Schnittstellendefinition. Sie wird in einem Textfile unter der Endung .??? abgelegt.

Die Schnittstelle beinhaltet nur eine Methode, `converter(String s)`, welche als Argument einen String benötigt und als Ergebnis einen String zurückgibt:

```
import java.rmi.Remote;
import java.rmi.RemoteException;
public interface rmi_demo_interface extends java.rmi.Remote {
```

```
         String converter(String s) throws java.rmi.RemoteException;
}
```

4.7.2.3 Die Server Objekt Implementation

Hier werden die beschriebenen Schnittstellen umgesetzt. Zudem muß diese Implementationsklasse, welche später den Code für das Server Objekt erzeugt, folgendes leisten: Sie muß:

1. einen Konstruktor für das Server Objekt definieren.

2. die Methoden der Schnittstellen implementieren.

3. einen 'Security Manager' kreieren und installieren.

4. Instanzen des Objektes erzeugen können.

5. mindestens eins der erzeugten Objekte bei der 'RMI Remote Object Registry' registrieren.

Als Beispiel hier der Quell- Code für rmi_demo_server.java, welcher auch den Code für das Server-Objekt enthält.

```
import java.rmi.*;
import java.rmi.Remote;
import java.rmi.server.UnicastRemoteObject;

public class rmi_demo_server extends UnicastRemoteObject implements
rmi_demo_interface {
        private String inString;

        public rmi_demo_server(String name) throws RemoteException {
                super();
        }

        public String converter(String s) throws RemoteException {
                inString = s;
                return inString.toUpperCase();
        }

        public static void main(String args[]) {
                System.setSecurityManager(new RMISecurityManager());
                try {
                        rmi_demo_server obj = new rmi_demo_server('rmi-demo-server');
                Naming.rebind('//vivaldi.kbs.uni-hannover.de/
                rmi-demo-server', obj);
                        System.out.println('rmi-demo-server bound in registry');
                        System.out.println(Naming.list('//vivaldi.kbs.uni-hannover.de/
                rmi-demo-server')[0]);
                } catch (Exception e) {
                        System.err.println('rmi-demo-server error: '+e.getMessage());
                        e.printStackTrace();
                }
        }
}
```

Hier werden die einzelnen Zeilen nochmals genauer erläutert:

Tabelle 5: Erläuterung der RMI Befehle

public class rmi_demo_server implements rmi_demo_interface extends UnicastRemoteObject	Die Klassendeklaration mit Angabe, wie die Schnittstelle heißt, und daß der normale 'Socket- Based' Transport zur

Kommunikation benutzt wird.

```
private String inString;
public rmi_demo_server(String name)
throws RemoteException {
    super();
}
```

Der Konstruktor für die Klasse. Die Anweisung super() erweckt einen argumentlosen Konstruktor des UnicastRemoteObjekt, welcher dieses 'exportiert', indem es nach eingehenden Aufrufen lauscht.

```
public String converter(String s) throws
RemoteException {
    inString = s;
    return inString.toUpperCase();
}
```

Die Umsetzung der Schnittstelle.

```
System.setSecurityManager(new
RMISecurityManager());
```

Um den RMISecurityManager zu kreieren und zu installieren. Ohne ihn ist das Laden von RMI Klassen verboten.

```
rmi_demo_server obj = new
rmi_demo_server('rmi-demo-server');
```

Der Konstruktor um ein Server- Objekt zu kreieren. Nun erwartet der Server Nachrichten.

```
Naming.rebind('//vivaldi.kbs.uni-
hannover.de/rmi-demo-server', obj);
```

Registriert den Server damit ihn Clients auffinden können.

Der Client des Servers

```
import java.rmi.*;
import java.awt.*;
import java.awt.event.*;
import java.applet.Applet;
public class rmi_demo_client extends Applet
        implements ActionListener {
        Label titel = new Label('Please enter a String to convert!');
        Label rein = new Label('Text to convert: ');
        Label raus = new Label('          Result: ');
        Button clear = new Button('Clear');
        Button commit = new Button('Commit');
        TextField intext = new TextField('Enter Text to convert HERE!', 40);
        TextField outtext = new TextField('The Result will be
        displayed here!', 40);

        public void init() {
                outtext.setEditable(false);
                add(titel);
                add(rein);
                add(intext);
                add(raus);
                add(outtext);
                add(clear);
                add(commit);
                clear.addActionListener(this);
                commit.addActionListener(this);
                this.enableEvents(AWTEvent.ACTION_EVENT_MASK);
        }
        public void actionPerformed(ActionEvent ae) {
                if (ae.getSource() == clear) {
```

```
                    intext.setText('');
                    outtext.setText('');
            }
            if (ae.getSource() == commit) {
                try {
rmi_demo_interface obj = (rmi_demo_interface)Naming.lookup
('//vivaldi.kbs.uni-hannover.de/rmi-demo-server');

                    outtext.setText(obj.converter(intext.getText()));
                } catch (Exception e) {
                    System.out.println('rmi_demo_client
                    error: '+e.getMessage());

                    e.printStackTrace();


                }
            }
        }
}
```

4.7.2.4   Die HTML-Seite für den Client

Hier ist der HTML-Code für die Web-Seite, die das Client-Applet referenziert :

```
<HTML>
<applet code=rmi_demo_client.class height=200 width=450>
</applet>
</HTML>
</body>
</html>
```

Bemerkung:

Es muß das HTTP-Protokoll zur Kommunikation benutzt werden. Aus diesem Grund muß zum Betrieb des Servers ein WWW-Server installiert sein, der in der Lage ist, die HTTP- Aufrufe des RMI an den entsprechenden Host weiterleiten zu können. RMI wird in das HTTP-Protokoll eingefügt.

Auch wenn der Client als HTML-Seite aufgerufen wird, kann man bisher nur den HotJava Browser 1.0 von SUN und den Appletviewer im Java JDK 1.1.1 zur Darstellung benutzen.

Das Applet kann nur innerhalb des Firewalls betrieben werden, da den Firewall den RMI- Aufruf nicht an den entsprechenden Host weiterleiten darf. In diesem Fall muß zunächst ein entsprechendes CGI-BIN Script auf dem Firewall installiert werden.

Weiteres Vorgehen. Man muß:

- Sicherstellen, daß alle Dateien in einem Verzeichnis liegen.
- Die Java Source-Files mit : `javac *.java` übersetzen.
- Die Stubs und Skeletons mit : `rmic -d .` rmi_demo_server generieren.
- Ab nun den Server auf dem HTTP- Server starten durch: `rlogin vivaldi`
- Den Klassenpfad für Java- Programme löschen: `unsetenv CLASSPATH`
- Die RMI- Registrierungsdatei und Öffnen eines freien Ports mit : `rmiregistry 2010&` starten
- Die einzelnen Komponenten starten (jeweils alles in einer Zeile):
- Server : `java -Djava.rmi.server.codebase=http://www.kbs.uni-hannover.de/~wolpers/java/Rmidemo/ -`

`Djava.rmi.server.hostname=vivaldi.kbs.uni-hannover.de`

`rmi_demo_server&`

- Applet: `appletviewer http://www.kbs.uni-hannover.de/~wolpers/java/Rmidemo/rmi-demo.html&`

Der Aufruf `rmic` kreiert neben dem Server- Objekt auch noch ein Gerüst (Skeleton) um ihn herum, damit dieses mit dem Stutzen (Stub) des Client- Applets kommuniziert. Ein Stub ist Proxy auf der Client-Seite, welcher die RMI- Aufrufe an das Server- Skeleton weiterreicht.

Abbildung 24: Synchroner Nachrichtenfluß bei RMI

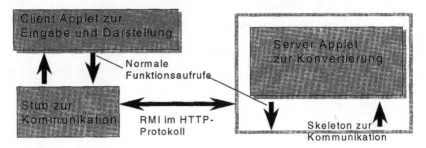

Ein Stub implementiert exakt dieselben Schnittstellen wie das entfernte Objekt. Dadurch kann der Client voll objektorientiert alle Java- Sprachstrukturen nutzen.

Die Java- Registrierungsdatei ist ein einfacher serverseitiger 'bootstrap name server', der dem Client eine Referenz zum Server geben kann. Ohne sie bekommt der Client keine Verbindung.

Abbildung 25: Ausgabe des RMI- Beispiels

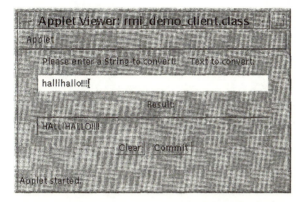

4.7.2.5 Spezifikation No.3 mit Java statt mit JavaBeans

Um noch einmal den geringen Unterschied von Java zu JavaBeans zu verdeutlichen, wurde hier eine Variante der Spezifikation No.3 umgesetzt:

http://www.kbs.uni-hannover.de/~wolpers/java/Demo2/applet_talk.html

Interessant ist hier zu bemerken, daß zwei Applets sich direkt miteinander unterhalten können, wobei eigentlich gesagt wird, daß Applets sich nicht mit der Umgebung verständigen können ('Save Sandbox') und deshalb die Sicherheit eines Applets größer sei als bei sonstigen Internet-Anwendungen.

Die einzigen Einschränkungen sind, daß:
- sich beide Applets in demselben Browser-Fenster auf derselben HTML-Seite befinden,
- die Applets (für manche Appletviewer) vom selben Server stammen,
- der Name des anzusprechenden Applets bekannt ist, oder
- der Name durch den Befehl getApplets bekannt wird.

Siehe auch dazu [JavaSoft].

Da aber keine Kommunikation über Rechnergrenzen hinweg möglich ist, wird dieses Beispiel nicht weiter diskutiert und nur das Ergebnis angegeben.

Der Code des Servers:

```
import java.awt.*;
import java.awt.event.*;
import java.applet.Applet;

public class applet_sender extends Applet
        implements ActionListener {
        Label titel = new Label('Please enter a String to convert!');
        Label rein = new Label('Text to convert: ');
        Button clear = new Button('Clear');
        Button commit = new Button('Commit');
```

```
TextField intext = new TextField('Enter Text to convert HERE!', 40);
Applet receiver = null;
GridBagLayout bag = new GridBagLayout();
GridBagConstraints cons = new GridBagConstraints();

public void init() {

        setLayout(bag);
        cons.gridwidth=GridBagConstraints.REMAINDER;
        bag.setConstraints(titel,cons);
        add(titel);


        cons.gridwidth=GridBagConstraints.RELATIVE;
        bag.setConstraints(rein,cons);
        add(rein);

        cons.gridwidth=GridBagConstraints.REMAINDER;
        bag.setConstraints(intext,cons);
        add(intext);

        cons.gridwidth=GridBagConstraints.RELATIVE;
        bag.setConstraints(clear,cons);
        add(clear);

        cons.gridwidth=GridBagConstraints.REMAINDER;
        bag.setConstraints(commit,cons);
        add(commit);

        clear.addActionListener(this);
        commit.addActionListener(this);
        this.enableEvents(AWTEvent.ACTION_EVENT_MASK);
        receiver = getAppletContext().getApplet('empfaenger');
}

public void actionPerformed(ActionEvent ae) {
        if (ae.getSource() == clear) {
                intext.setText('');
        }
        if (ae.getSource() == commit) {
                if (receiver != null) {
                        if (!(receiver instanceof applet_empf)) {
                                showStatus('No chance, buddy');
                        } else {

((applet_empf)receiver).converter(intext.getText());
                        }
                }
        }
}
}
```

Der Code des Clients:

```
import java.awt.*;
import java.applet.Applet;

public class applet_empf extends Applet {
        Label titel = new Label('The result of the conversion!');
        Label rein = new Label('Result: ');
        TextField intext = new TextField('WAITING FOR A MESSAGE', 40);
        GridBagLayout bag = new GridBagLayout();
        GridBagConstraints cons = new GridBagConstraints();

        public void init() {
                setLayout(bag);
```

```
        intext.setEditable(false);

        cons.gridwidth=GridBagConstraints.REMAINDER;
        bag.setConstraints(titel,cons);
        add(titel);

        cons.gridwidth=GridBagConstraints.RELATIVE;
        bag.setConstraints(rein,cons);
        add(rein);

        cons.gridwidth=GridBagConstraints.REMAINDER;
        bag.setConstraints(intext,cons);
        add(intext);
    }

    public void converter(String se) {
        intext.setText(se.toUpperCase());
    }
}
```

Abbildung 26: Ausgabe der Applet- Kommunikation

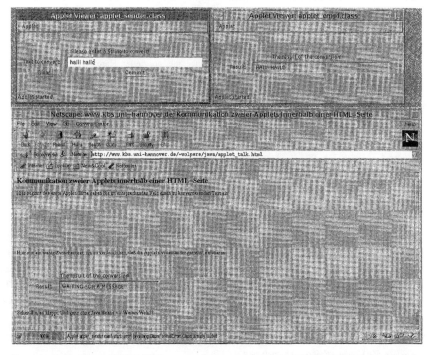

Trotz der Java- Kompatibilität (Write once - Run everywhere), konnte dieses Beispiel nur mit dem Appletviewer ausprobiert werden (siehe Abbildung 26). Sogar der neue Netscape Communicator hatte Probleme, `applet_sender` zu starten und brauchte erst ein Update auf das neuere JDK.

4.7.3 Auswertung

Die Kommunikationsform RMI für Java ist prinzipiell geeignet für den Aufbau von einer Client/Server Anwendung. Die Erstellung auf reiner Textebene erschwert jedoch den professionellen Einsatz und läßt die Verteilbarkeit von Java- Anwendungen zu einem komplizierten Spiel über Parametereingaben werden. Eine visuelle Eingabemöglichkeit der Konfiguration wie bei DCOM wäre wünschenswert.

Die Verwendung des HTTP- Protokolls könnte außerdem zu ungewünschten Verzögerungen führen, wenn der RMI- Server in einer Intranet- Umgebung mit hoher HTTP- Last läuft.

Diese und andere Gründe mögen dazu geführt haben, daß in Zukunft bei Java und JavaBeans auf eine CORBA kompatible Form der Kommunikation gesetzt wird. Aus diesem Grund scheidet RMI als mögliche Basis für Komponentensoftware aus. Die Entwicklung von JavaBeans erscheint als interessantes Konzept, steckt aber noch in den Anfängen seiner Entwicklung. Gerade stark diskutierte Besonderheiten von ActiveX (z.B. der uneingeschränkte Zugriff auf das System) werden bei JavaBeans momentan angedacht und benötigen eine Lösung.

Da JavaBeans keine uneingeschränkte Möglichkeit anbietet, auf das System zuzugreifen, kann es für diese Diplomarbeit nicht verwendet werden, da hier mit spezieller Hardware sehr systemnahe gearbeitet werden muß.

Um trotzdem eine Kompatibilität zu künftigen JavaBeans Anwendungen zu gewähren, sollten Brücken zu der ActiveX- Welt geschaffen werden, oder bestehende verwendet werden [JavaBeans].

4.8 Direkter Vergleich von OpenDoc (SOM) vs. ActiveX

4.8.1 Einleitung

Mit OpenDoc steht ActiveX ein Gegenspieler als Verbunddokumentenframework entgegen. Ob OpenDoc aber als Konkurrenz anzusehen ist, bleibt die Frage, da die Weiterentwicklung still steht und nun nur noch IBM OpenDoc anbietet. Dabei hat IBM die Weiterentwicklung eines Desktop Systems, welches OpenDoc darstellt, zu Gunsten von einem verteilten Konzept, welches JavaBeans heißt, aufgegeben. Da OpenDoc seit der Umorientierung als Free- Ware angeboten wird, ist eine Betrachtung des Konzeptes weiterhin interessant.

Wegen des geringen Markanteils wird keine praktische Betrachtung von OpenDoc durchgeführt, sondern das Konzept theoretisch analysiert.

4.8.1.1 Objektmodell

Wie jede Komponentensoftware hat auch OpenDoc ein eigens Objektmodell. Da dies ein wesentliches Unterscheidungsmerkmal darstellt, wird das Objektmodell SOM, welches OpenDoc zugrunde liegt, zuerst mit dem Component Object Model (COM) von ActiveX verglichen.

Die Kapselung von Objekten ist unter COM viel strikter realisiert als unter SOM. Während eine SOM-Schnittstelle jeweils eine gesamte Klasse mit ihrer Vererbungshierarchie beschreibt, also zu einer SOM- Klasse genau eine SOM- Schnittstelle gehört, wird eine COM-Klasse durch eine oder mehrere Schnittstellen beschrieben. Diese COM- Schnittstellen beschreiben nur die Methoden einer Klasse, nicht aber Vererbungshierarchien, Attribute oder Zustände einer Klasse. Dies bringt Vorteile für den Entwickler, da er sich nur auf das Verstehen der Schnittstelle und der darin enthaltenen Methoden beschränken kann, anstatt sich wie bei OpenDoc mit der gesamten Klasse und ihrer Vererbung auseinandersetzen zu müssen.

Allerdings ist es durch den Einschluß nicht möglich, eine Sammlung von COM- Schnittstellen übersichtlich zu strukturieren und darzustellen, da es für viele COM- Klassen noch mehr COM-Schnittstellen gibt, die in keinem direkten Zusammenhang stehen. Durch die Einbettung von COM-Objekten in ein äußeres COM-Objekt erhöht sich jeweils die Zahl der Schnittstellen dieses äußeren Objektes. Es ist aber nicht klar ersichtlich, welche COM-Objekte in das äußere Objekt eingebettet wurden.

Der Nachteil des Fehlens eines Versionierungsmechanismus von COM ist, das es zu einer Vielzahl von Schnittstellen einer Klasse führt, wenn mit jeder neuen Version einer Klasse eine neue Schnittstelle hinzugefügt wird. Der große Vorteil, der diesen Nachteil aber mehr als aufwiegt, ist die Möglichkeit, Klassen dadurch einfacher austauschen zu können. Da Clients abfragen können, welche Schnittstellen eine Klasse unterstützt, können Clients immer auf die Version der Schnittstelle zugreifen, für die sie implementiert wurden. Dies ist ein besserer Ansatz als bei SOM, da es hier nur eine Schnittstelle für eine Klasse gibt, die alle verschiedenen Versionen der Klasse bedienen muß. Dadurch ist der Aufwand für den Entwickler wesentlich größer.

OpenDoc sollte mit SOM/DSOM genauso wie COM/DCOM einen Mechanismus zur Verteilung von Objekten über Prozeßgrenzen und Rechnergrenzen hinweg erhalten. Diese Weiterentwicklung wurde aber zu Gunsten von JavaBeans eingestellt. SOM/DSOM basiert auf der CORBA Spezifikation, ist dadurch offener gegenüber anderen Objektmodellen, als es COM/DCOM ist, da Teil der CORBA Spezifikation das Zusammenarbeiten verschiedener Implementierungen von CORBA konformen ORBs ist.

Während SOM/DSOM einen eleganteren Ansatz eines Objektmodells durch die eigene Definition von Objekteigenschaften bereitstellt, kann in der Praxis das COM/DCOM Objektmodell seine Möglichkeiten besser ausspielen, indem es Objekte von der Implementierung strenger trennt und so Objekte strikter voneinander abkapselt. Insbesondere erben SOM-Klassen auch die gesamte Vererbungsstruktur abgeleiteter Klassen, während COM- Klassen zwar weitere COM- Klassen einbetten können, der Entwickler aber keinen direkten Zugriff auf diese Klassen hat.

Dafür ist der Entwickler von COM- Klassen aber freier in der Wahl seiner Programmiersprache und in der Struktur der Klassenimplementierung. Außerdem ist er mit einem geringeren Overhead als bei SOM konfrontiert.

4.8.1.2 Technische Realisierung

Laut [IBMsomobject] und [Schw96] präsentiert sich OpenDoc dem Entwickler gegenüber als eine umfangreiche SOM- Klassenbibliothek, mit deren Hilfe er OpenDoc- Komponenten entwickeln kann. Eine OpenDoc- Komponente besitzt eine genau festgelegte Schnittstelle. Eine eigenständige Applikation, die Document Shell, verwaltet eine OpenDoc- Laufzeitumgebung, die ein Verbunddokument erstellen, laden und speichern kann und die zu einem Verbunddokument gehörenden OpenDoc- Komponenten verwaltet. Die Schnittstellen in Form von SOM-Klassen sind sehr gut strukturiert. Es gibt definierte Objektbeziehungen zwischen einzelnen Objekten der OpenDoc-Klassenbibliothek. Insbesondere können einige Objekte andere Objekte erzeugen und verwalten.

ActiveX besteht dagegen aus einem Satz von Schnittstellendefinitionen in Form von COM-Schnittstellen [COM]. Die einzelnen Methoden einer Schnittstelle werden in Handbüchern näher beschrieben, insbesondere ihre Implementierung. Einige dieser COM- Schnittstellen sind in Form von COM- Klassen implementiert, zum Beispiel die Schnittstellen des Datenablagesystems, andere jedoch nicht. Es ist aus einer COM-Schnittstelle meist nicht direkt ersichtlich, ob es zu einer COM-Schnittstelle eine zugehörige Implementierung in Form einer COM-Klasse gibt oder nicht. Dies führt in Zusammenhang mit dem Fehlen einer Objektbeziehung oder Vererbung zwischen Objekten zu einer sehr unübersichtlichen Struktur der COM- Schnittstellen. Eine ActiveX- Komponente ist nichts weiteres als eine implementierte COM-Klasse, die bestimmte für eine ActiveX- Komponente benötigte Schnittstellen implementiert. Es gibt auch keine ActiveX- Laufzeitumgebung, die von einer bestimmten Applikation bereitgestellt wird. Statt dessen muß eine ausführbare Containerapplikation diese Laufzeitumgebung liefern (wie z.B. der InternetExplorer), die Erzeugung, Laden und Speichern von Verbunddokumenten regelt und die eingebetteten Komponenten verwaltet. Erst mit einer angekündigten neuen Windows- Version mit integriertem InternetExplorer könnte ein Betriebssystem entstehen, welches direkt alle ActiveX- Komponenten aufnehmen kann.

4.8.2 Realisierungen und Erhältlichkeit

Zur Zeit ist nur eine Realisierung von OpenDoc auf dem Markt erhältlich, die dafür als Freeware mit allen Quellen und vielen Hinweisen und Hilfen von IBMs- OpenDoc- Web- Seite heruntergeladen werden kann [IBMopendoc].

Dagegen sind keine Anwendungen für OpenDoc erhältlich, wodurch diese Technologie weiter beobachtet werden sollte, aber nicht als Wahl für künftige Komponentensoftware in Frage kommt.

Schon zu der stärksten Phase von OpenDoc existierten Brücken zu anderen Komponententechnologien, so daß ein späterer Wechsel oder eine Erweiterung hinsichtlich dieser Technologie keine Probleme bereitet.

4.9 Beispielimplementation mit NeXTSTEP

4.9.1 Theorie

Die PDOs von NeXT werden hier nicht direkt mit der ActiveX- Technik verglichen, da sie nur einen Teil einer Komponentensoftware darstellen. Statt dessen soll ihre Erwähnung eine Lösung für den Weg der Verteilung der Objekte, beschreiben, den DCOM und sogar CORBA noch vor sich haben. Die PDOs sind die Auskopplung der Distributed Objects Framework in NeXTSTEP. Es existiert auch eine Variante der PDOs, die auf Windows NT Maschinen laufen. Weiterhin gibt es einen Aufsatz auf die PDOs, der ausschließlich für das WWW erstellt wurde und 'WebObjects' genannt wird [Webobj]. Mit WebObjects lassen sich Objekte von PDOs visualisieren und für das Internet optimieren. Damit lassen sich Three- Tier- Anwendungen (dreistufige Anwendungen, siehe auch Kapitel 5.1) erstellen, die mit verschiedenste Rechnerarten verbunden werden können.

Bisherige Lösungen wie Remote Procedure Calls (RPCs), die in abgewandelter Form auch bei DCOM verwendet werden, können den Anforderungen von einfacher, überschaubarer Komponentensoftware nur bedingt gerecht werden [ct494]. Abgesehen davon, daß deren Programmierung umständlich und mit zusätzlichem Produktionsaufwand verbunden ist, reicht auch ihre Flexibilität nicht aus. Durch RPCs werden Programme quasi nachträglich zusammengeführt. Der Austausch von Client- oder Serverfunktionen ist ohne Änderung des Partners nur sehr bedingt möglich.

Objektorientierte Mechanismen zur Kommunikation zwischen Programmen sind viel überschaubarer. Die Bemühungen mehrerer internationaler Gremien und Computerfirmen unterstreichen diese Tendenz (z.B. CORBA). Entscheidend am objektorientierten Ansatz ist, daß die Objekte über Meldungen vollständig voneinander entkoppelt bleiben. Es muß genügen, daß ein Serverobjekt alle zu sendenden Meldungen versteht, um mit ihm kommunizieren zu können. So kann man Clients bauen, die auch noch mit den Servern von morgen und deren neuen Objektklassen zusammenarbeiten. Sprachen, die dieses 'late binding' nicht beherrschen(wie C++) und zudem die gesamte Klassendeklaration zur Übersetzungszeit benötigen, eignen sich somit nicht als Grundlage für die Kommunikation zwischen Programmen.

Die Distributed Objects in NeXTSTEP ab Release 3.0 zeigen, daß Lösungen mit den Qualitäten einer echten objektorientierten Kommunikation möglich sind. Dabei ist NeXT von Release zu Release jeweils einen Schritt weitergegangen. [NeXT] 1988, bei der Release 1.0, gab es zunächst eine relativ starre Speaker/Listener- Kommunikation. Das ist ein programmatisches Interface, ähnlich der Apple-Events, welches jedoch nicht erweiterbar ist. In Release 2 kamen die leistungsfähigen 'Services' hinzu, die jedoch im wesentlichen nur einzelne, vom Nutzer angestoßene Aktionen unterstützen. Seit Release 3 schließlich erlauben die 'verteilten Objekte' uneingeschränkten Meldungsaustausch zwischen Applikationen.

Im Gegensatz zur OMG und zu SUN, die sich bemühen, eine objektorientierte Kommunikation neben die bereits vorhandenen Mechanismen zu stellen, hatte NeXT eine günstigere Ausgangsposition. Die Entwicklungsumgebung baut auf Objective- C auf; alle Applikationen wurden damit entwickelt. Diese

Sprache besitzt alle erforderlichen objektorientierten Eigenschaften. Es war naheliegend, den normalen Meldungsaustausch zwischen Objekten über Prozeßgrenzen hinweg zu verlängern.

Bei den Distributed Objects ist es nun irrelevant, ob sich Sender und Empfänger im selben oder in verschiedenen Prozessen befinden - oder sogar auf einem anderen Rechner. Die folgende Zeile könnte sowohl eine lokale als auch eine prozeßübergreifende Kommunikation zwischen Objekten bewirken:

    myObject doItWith:3.5;

'doItWith:' ist dabei der Name der Meldung, '3.5' ein Parameter. Es kommt darauf an, wie man den Identifikator 'myObject' zuvor erzeugt hat. Man kann myObject lokal erzeugen, oder von Anfang an über alle Rechnergrenzen hinweg publik machen. Dies geschieht durch die Registrierung von myObject in einem Network Name Service, welcher alle Objekte auf dem lokalen Rechner verwaltet und welcher von anderen Computern zuerst kontaktiert wird, wenn ein entferntes Objekt angefordert wird.

Ruft nun ein Prozeß ein entferntes Objekt auf, so steht jedoch nicht das Objekt selbst hinter dem zugewiesenen Identifikator. Anstelle dessen wird im Adreßraum des Clients ein Scheinobjekt erzeugt, ein sogenannter Proxy, der alle Meldungen an den eigentliche Empfänger weiterleitet.

Für den Programmierer unsichtbar, werden im Hintergrund viele Klassen für die Übermittlung von Meldungen benötigt. Das Erzeugen und Freigeben von Proxys und Verbindungen bleibt trotzdem für den Anwendungsprogrammierer transparent. Das Laufzeitsystem sorgt dafür, daß die Verbindungen immer direkt zum Prozeß mit dem Objekt führen, auch wenn der Identifikator von einem Prozeß zum anderen weitergegeben wird. Kommt der Identifikator bei dem richtigen Prozeß an, so wird ein Zeiger aus dem Identifikator ein Zeiger auf das Objekt.

PDOs und OPENSTEP sind auf dem gleichen Framework aufgebaut. Deshalb können PDO Versionen mit OPENSTEP für Solaris, OPENSTEP für Digital UNIX und OPENSTEP für Windows kommunizieren.

Echte PDO Portierungen existieren für Digital, Sun und Hewlett Packard.

4.9.2 Realisierung des Beispiels mittels PDO (NeXT)

Die Portable Distributed Objects (PDOs) von NeXT wurden hier mit aufgenommen, da die Möglichkeit besteht, daß durch den Verkauf von NeXT an Apple dieses Konzept weitergeführt wird und im nächsten Apple- Betriebssystem Einzug findet. Von der Verbreitung her sind die PDOs nicht sehr bekannt und werden wohl auch erst mit dem Apple- System bekannter werden. Deshalb und aufgrund der überlegenen Technologie wird hier das Konzept näher betrachtet.

Man unterteilt die Systemsoftware bei NeXT [NeXT] in drei große Bereiche:

1. NeXTSTEP (das Betriebsystem)

2. OPENSTEP (die Laufzeitumgebung)

3. PDO (die Laufzeitumgebung für verteilte Objekte)

Erhältlichkeit:

NeXTSTEP: NeXTcomputer (m68k), Intel-PC (i386), SUN sparc. HP wird nicht mehr weiter unterstützt.

OPENSTEP: NeXTSTEP, SUN Solaris, Win-NT/95.

PDO: NeXTSTEP, SUN Solaris, HP-UX, DEC, Win95.

Vorgehensweise bei der Erstellung des Beispieles laut der Spezifikation 2:

* Zwei neue Projekte werden angelegt. Das Framework erzeugt alle notwendigen Dateien, von denen aber nur die Header (.h) und die Methoden (.m) Dateien zum Programmieren interessant sind. Standardmäßig wird je Projekt ein Fenster miterzeugt.

* Mittels des InterfaceBuilders stellt man per Mouse-Click ein, welches Objekt Ausgänge (Outlets) und welches Funktionen (Actions) besitzt. So definiert man beim Client (SlaveConverter) ein Outlet Target und drei Actions: remoteCapitalize, remoteLowercase und remoteUppercase.

* Da ein Clientfenster zum SlaveConverter gehört, wird dieses ausgewählt und man kann gleich mit dem InterfaceBuilder das Aussehen des Fensters mit der gewohnten Drag&Drop- Methode gestalten.

* Verbindet man dieses Fenster (wie in Abbildung 27 gezeigt) mit dem Objekt des Clients (SlaveConverter), so bekommt man eine Liste der Actions, die das Outlet Target versteht, im ConnectionInspector angezeigt.

Abbildung 27: InterfaceBuilder von NeXT

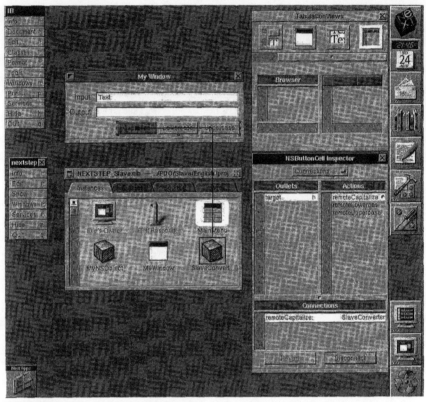

- Wird der InterfaceBuilder verlassen, speichert dieser alle Größen, Formen und sonstige Eigenschaften der Objekte, die durch ihn erstellt werden. Es wird hierbei kein Quell- Code erzeugt, welcher das Aussehen simuliert, sondern alle Parameter des Fensters gespeichert, damit es sich selber wieder in der gewünschten Form herstellen kann. Entsprechend wird dann auch bei dem Übersetzungsvorgang nicht Binärcode erzeugt, sondern genau diese Parameterdatei mit in das resultierende Programm kopiert.

- Bei dem Client müssen folgende kursiv gedruckte Zeilen zugefügt werden:

```
/*Client created by atze on Mon 05-May-1997 */
#import 'SlaveConverter.h'
#define SERVER_NAME      'stringServer'
@implementation SlaveConverter

- init
{
    if(![super init])
        return nil;
```

```
    serverObject = [[NSConnection
    rootProxyForConnectionWithRegisteredName:SERVER_NAME host:@'*']
    retain];
    if(!serverObject)          // could not find server
    {
            [self dealloc];
            return nil;
    }
    return self;
}

- (void)remoteCapitalize:(id)sender
{
    id  newString = [serverObject capitalize:[inputTextField stringValue]];
    [outputTextField setStringValue:newString];
}

- (void)remoteLowercase:(id)sender
{
    id  newString = [serverObject lower:[inputTextField stringValue]];
    [outputTextField setStringValue:newString];
}

- (void)remoteUppercase:(id)sender
{
    id  newString = [serverObject upper:[inputTextField stringValue]];
    [outputTextField setStringValue:newString];
}
@end
```

- Dabei hat nur die Init - Methode die Aufgabe, den entfernten Server (stringServer) zu suchen und zur Verfügung zu stellen. Eigentlich wird sogar nur ein Proxy des Clients aktiviert und angewiesen, bei Anfragen diesen bestimmten Server zu suchen.

- Bei den übrigen Methoden wird der Identifikator (id) serverObject mit seinen Funktionen wie z.B. upper verwendet, ohne daß hier die Funktionen bekannt sind. Schließlich wird dem Textfeld seine Ausgabe zugewiesen.

- Der Client ist fertig und kann getrennt vom Server übersetzt werden. Es folgt eine Übersetzer-Warnung, daß manche Funktionsaufrufe nicht bekannt sein könnten (der Server ist bis jetzt unbekannt), die man durch einfügen des Headers vom Server eliminiert, oder einfach nicht beachtet, da zur Laufzeit eine erneute Überprüfung stattfindet, ohne daß ein Programmabbruch eintritt.

- Bei dem Server gibt es eine Datei, die den Server einrichtet und registriert. Da der Server keine Ausgabe besitzt, braucht hierbei nicht der InterfaceBuilder benutzt zu werden.

- Es müssen nur bestimmte funktionale Zeilen eingefügt werden, welche kursiv und erklärt sind:

```
/* server_main.m created by atze on Mon 05-May-1997 */
#import <Foundation/Foundation.h>
#import 'StringConverter.h'

#define SERVER_NAME      'stringServer'

int main (int argc, const char *argv[])
{
    NSAutoreleasePool *pool = [[NSAutoreleasePool alloc] init];

    id      serverObject = [[StringConverter alloc] init];
    /* Stellt Speicher bereit fuer eine Instanz der Klasse StringConverter und
    ruft die init- Methode auf, damit die Instanz sich initialisieren kann.
```

```
Das ServerObject ist dann ein Pointer auf die Instanz
*/

NSConnection *theConnection=[[NSConnection alloc] init];
/* Stellt Speicher bereit fuer eine Instanz der Klasse NSConnection und
ruft die init- Methode auf, damit die Instanz sich initialisieren kann.
theConnection ist dann ein Pointer auf die Instanz
*/

[theConnection setRootObject:serverObject];
/* Legt das ServerObjekt als rootObjekt fest*/

if([theConnection registerName:SERVER_NAME] == NO)
/* versucht einen Server mit dem Namen SERVER_NAME im Netz anzubieten
und testet auf Fehlschlag (z.B. Name bereits vergeben)
*/
{
    /* Handle error. */
    printf('theConnection could not registerName\n');
}
else
    [[NSRunLoop currentRunLoop] run];
    /* startet den Server */

[pool release];
exit(0); // insure the process exit status is 0
return 0; // ...and make main fit the ANSI spec.
}
```

- Als letztes muß noch das eigentliche arbeitende (Server-)Object beschrieben werden, welches Anfragen für SERVER_NAME entgegennimmt und beantwortet; der `StringConverter.m`:

```
/* StringConverter.m created by atze on Mon 05-May-1997 */
#import 'StringConverter.h'
@implementation StringConverter

- (NSString *)capitalize:(NSString *)aStringObject
{
return [aStringObject capitalizedString];
}

- (NSString *)lower:(NSString *)aStringObject
{
return [aStringObject lowercaseString];
}

- (NSString *)upper:(NSString *)aStringObject
{
return [aStringObject uppercaseString];
}
@end
```

- Hierbei wurde nur die Funktionalität auf Strings erweitert und die Methoden der Klasse `NSString` aufgerufen.

Die Programme sind damit fertig und können ausgeführt werden. Die Ausgabe ist unten in Abbildung 28 zu sehen:

Abbildung 28: Die Ausgaben der Entwicklung mit NeXTs PDOs

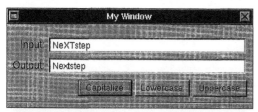

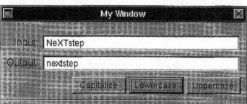

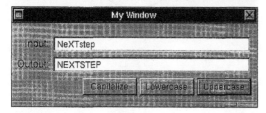

Die Vorgehensweise bei der Kommunikation ist derart, daß der Client eine Anfrage an den (eingerichteten) Proxy stellt. Dieser versteht nur, wo er den Server, für den die Anfrage ist, auffinden könnte und sendet ihm die Anfrage. Dabei kann diese von jeglicher Art sein und muß bisher von niemandem verstanden werden.

Auf der Seite des Servers arbeitet auch ein Proxy, welcher die Anfrage entpackt und an die richtige Stelle weiterleitet.

Wird beim Server die Anfrage nicht verstanden, so erzeugt dieser eine Fehlermeldung, welche über die beiden Proxys zur Laufzeit zum Client zurückkommt und dort behandelt werden muß.

4.9.3 Auswertung

Das Konzept von NeXT benutzt die Vorteile von Objective- C und wirkt damit wie ein verteilbares C. Objekte, auch wenn sie entfernt sind, können sogar erst zur Laufzeit bekannt werden. Die Vorteile daraus sind erheblich: so kann der Client unabhängig vom Server entwickelt und sogar ausgeführt werden, solange dieser nicht die Serverfunktionen nutzt.

Proxys spielen bei NeXT eine ganz andere Rolle als bei CORBA, oder DCOM. Sie sind bei CORBA und DCOM Repräsentanten der Schnittstellen zum Server und vermitteln die Aufrufe auf ihre

Scheinschnittstellen zu den realen Schnittstellen der Objekte, wobei die Proxys bei NeXT eine reine Übersetzerrolle spielen, indem sie jegliche Anfragen der Clients an den Server weiterleiten und nicht bestimmte Schnittstellen repräsentieren. Durch dieses Vorgehen wird eine höhere Flexibilität bei der Erstellung von Client/Server- Anwendungen erreicht.

PDO- Objekte können nur mit Objective- C programmiert werden. Eine verteilte Anwendung, die in C++ geschrieben ist, kann aber die Objekte nutzen, um über sie die Kommunikation abzuwickeln. Eine Beispielkonfiguration ist in Abbildung 29 zu sehen.

Abbildung 29: C++ und Objective- C Integration bei NeXT

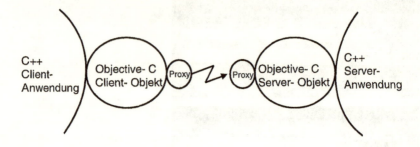

4.10 Zusammenfassung und Auswertung

Wie schon der Titel der Diplomarbeit voraussetzt, stellt sich das Konzept um ActiveX als das ausgereiftere Konzept für Komponentensoftware gegenüber den Mitbewerbern dar. In bestimmten Details sind die Konzepte für verteilte Komponenten von CORBA besser. Bezieht man aber die NeXT- Technologie mit ein, so sollte diese zur Verteilung von verteilten Komponenten genutzt werden. Auf einer Produkt- Demonstration von WebObjects wurde die Zusammenarbeit mit ORBs von fremden Herstellern aufgrund der CORBA- Spezifikation präsentiert [Webobj], dadurch ist eine Spekulation auf eine CORBA- konforme Spezifizierung der NeXT- Technologie möglich. Durch den Aufkauf durch Apple, befindet sich die NeXT- Technologie noch in einem undefinierten Zustand und kann zur Zeit nicht als eigenständig bezeichnet werden. Dadurch ist die Konzentration auf PDOs in diesem Moment nicht zu empfehlen.

JavaBeans und OpenDoc scheiden als Komponentensoftwarekonzepte auch aus, da beide den Ansprüchen, die ActiveX setzt, nicht entsprechen können. Einmal ist OpenDoc kein Komponentensoftwarekonzept, sondern SOM, und zum anderen kann JavaBeans nicht auf das komplette System zugreifen. SOM wäre noch eine Alternative, scheidet aber wegen Argumenten aus, die für die Realisierung der Aufgabenstellung dieser Diplomarbeit, mehr wirtschaftlich begründbar sind. Der Wechsel zu SOM hätte eine Umstellung der gesamten Entwicklungsabteilung zur Folge, wenn man SOM effektiv verwenden wollte.

Eine Kombination von ActiveX, mit einer klaren Regelung der Zugriffsrechte von der Betriebssystemseite und mit einer CORBA- konformen Kommunikationsform, wäre in diesem Moment die beste Wahl. Dies kann man mit kommerziellen Mitteln erreichen, da Iona Brücken von DCOM zu CORBA anbietet. Insgesamt ermöglichen die verschiedenen Brücken zu der ActiveX Technologie eine ständige Erweiterbarkeit und Flexibilität, weshalb dieses Konzept als Basis verwendet werden sollte.

Kein Konzept kann die theoretisch versprochene Plattformunabhängigkeit von Komponentensoftware einhalten, oder, im Fall von Java(Beans), nur mit sehr großen Einschränkungen. Für jedes Betriebssystem muß der Quellcode neu übersetzt werden, so daß dieser binär für jede Maschine vorliegt. Solange Java nur mit einem Zehntel der Geschwindigkeit vom übersetzten Code interpretiert wird, kann es für zeitkritische Anwendungen (wie Videokonferenzen) nur als Verbindungssprache genutzt werden, nicht aber als komplette Entwicklungssprache. Eine Kombination von Java und Betriebssystemfunktionen, die z.B. eine Windows API anbieten, kann durch MicrosoftJ++ erreicht werden. Die Plattformunabhängigkeit entfällt, weshalb C++ auch von vornherein hätte benutzt werden können.

Die ActiveX Technologie besitzt als einziges Konzept zwei wichtige Fähigkeiten. Erstens ist Automatisierung eine sehr nützliche Eigenschaft, wenn es um Kapselung von Informationen und die Verwendung von eigenständigen Komponenten geht. Zweitens ist der Ansatz eines echten Komponentensoftwarekonzeptes durch die Sprachunabhängigkeit zu erkennen. Die mögliche Verwendung von verschiedensten Programmiersprachen innerhalb einer Anwendung erlaubt damit einen ersten Einblick in die Leistungsfähigkeit von Komponentensoftware.

In der folgenden Übersicht sollen Teile von der ActiveX Technologie anderen spezialisierten Konzepten gegenübergestellt werden. Diese Übersicht sollte so verstanden werden, daß nur vergleichbare Teilaspekte miteinander verglichen werden, wie am Anfang von Kapitel 4 erwähnt. So kann der DCOM- Teil von ActiveX mit CORBA und den PDOs verglichen werden. Da OpenDoc und JavaBeans keine Fähigkeiten zur Verteilung von Komponenten besitzen, wird nur der verbleibende Teil verglichen.

Tabelle 6: Übersicht über die verschiedenen Komponentensoftwarekonzepte

	ActiveX	NEO (CORBA)	Java (RMI) / JavaBeans	(D)SOM[9]	OpenDoc[10]	NeXT (PDO)
Graphische Entwicklungsumgebung	x	(x)Joe	-	x	-	x
Graphische Ausgabe	x	-	x	x	x	x
Automatische Codegenerierung	Hoch	Gering	-	Hoch	-	Mittel
Systemzugriff	Voll	Voll[11]	Kein[12]	Voll	Voll	Voll[11]
Programmieraufwand (Texteingaben)	Gering	Hoch	Hoch	Gering	Hoch	Gering
Unabhängiges Bearbeiten und Übersetzen von Server und Client	x	-	x	x	-	x
Unterstützung für unterschiedliche Plattformen	Schlecht[13]	Gut	Gut	Schlecht	Schlecht	Gut
Zusätzliche Konfigurationsarbeit zur Verteilung auf verschiedene Rechner	Hoch	Mittel	Gering	?[14]	-	Gering
Erfüllt Spezifikation 2	x	x	x (RMI)	x	-	x
Erfüllt Spezifikation 3	x (DCOM)	(x)Joe	x (Beans)	x	-	x
Binäre Verwendbarkeit der Komponenten	x	-	x (Bytequelltext-Interpr.)	x	x	-
Flexibilität (Austauschen einer Komponente)	Gut	Schlecht	Schlecht	Schlecht	Schlecht	Gut
Programmiersprache(n)	C, C++, VB, Pascal, Ada, Java, Smalltalk, Delphi, u.a.	NEO: C++ CORBA:C, C++, Smalltalk, Ada95, Cobol, Java, u.a.	Java	C++	C++	Objective- C

---

[9] Aus Quellen:[Schw96][IBMsomobj]

[10] Aus Quellen:[Schw96][OpenDoc]

[11] UNIX- Zugriffverteilung

[12] Ist im Umbruch

[13] Mit Brücken von Drittanbietern: Gut

[14] Konnte nicht objektiv getestet werden.

4.11 Grundsatzentscheidungen

Ausgehend von der Analyse ist die ActiveX- Technologie die reifste und vollständigste. Die Entwicklung für eine Beispielanwendung wird demnach mittels ActiveX realisiert. Das Betriebssystem ist Windows NT 4.0 und die Entwicklungsumgebung Microsoft VC++ 4 und höher.

Vor einer Implementation sollte man prüfen, ob nicht schon einzelne Komponenten, die für dieses Projekt notwendig sein könnten, zu kaufen sind. Hierfür muß deutlich sein, welche Funktionalität gefordert ist. Daraufhin kann eine Marktübersicht Aufschluß bringen, ob die geforderte Funktionalität schon vorhanden ist oder nicht.

Im vorliegenden Fall eine Videokonferenz in einem Web- Browser zu realisieren, könnte man Komponenten benutzen, die Video ausgeben und sich zudem in solche Browser einfügen lassen. Aufgrund des fehlenden Rückkanals, bzw. einer Eingabemöglichkeit für das Live- Video, schieden alle vorhandenen Komponenten aus. Nur das ActiveMovie SDK von Microsoft und das NetMeeting SDK für Konferenzen erschienen sinnvoll in ihrer Verwendung.

Die Videokonferenzhardware der Firma SICAN arbeitet mit einer Overlay- Technik, so daß die Standardschnittstellen von beiden Entwicklungsgrundlagen nicht bedient werden können. Zukünftige Realisationen der Videokonferenz sollen aber durch gesteigerte Leistung der Schnittstellen von Hauptspeicher, Prozessor und Graphikkarte in die Lage versetzt werden, das hochauflösende Video unkomprimiert an den Standardschnittstellen zur Verfügung zu haben. Dann wird das NetMeeting SDK erneut interessant werden.

Trotz der Einschränkung, kein Video für die NetMeeting- Schnittstelle anbieten zu können, ist diese Software trotzdem interessant, um zu der reinen Videokonferenz noch weitere Dienste anzubieten. Für weiterführende Literatur zum Thema 'Computer Supported Cooperative Work' (CSCW) ist [Haefner] zu empfehlen.

4.12 Sicherheit

4.12.1 ActiveX

ActiveX hat mehrere Sicherheitsmängel. Es gibt viele Möglichkeiten, die ActiveX - Technologie zum mutwilligen Zerstören von Daten oder auch zum Ausspionieren von Daten zu nutzen. Auch wenn ein ActiveX-Control nicht mit bösen Absichten erstellt wurde, kann es durch Fehler in der Programmierung viel Schaden anrichten. Diese Nachteile des Konzepts resultieren ausschließlich aus der Möglichkeit, totalen Zugriff auf das gesamte System zu haben.

Das Gegenbild dazu sieht man im Java / JavaBeans- Konzept. Hier wurde den Programmen ein so stark eingeschränkter Systemzugriff gewährt, daß es nicht möglich ist, elementare Funktionen, wie z.B. das Ausdrucken, zu nutzen . Bei JavaBeans wird eine Erweiterung der Systemzugänge benötigt werden. Dann wird aber auch dieses Konzept dieselben Schwierigkeiten in bezug auf Sicherheit bekommen, wie ActiveX sie derzeit hat.

Nach meiner Meinung muß bei dem Punkt Sicherheit das Betriebssystem eine viel entscheidendere Rolle spielen. So wäre es z.b. möglich, einen eigenen Systembereich für Daten einzurichten, die nicht speziell durch den Anwender geprüft werden können. Eine Verbindung in Richtung öffentlicher Bereich und Anwenderbereich sollte dann nur über den Anwender erfolgen, so daß dieser selber entscheidet, was er von wo in sein System einbringt. Jede automatisierte Schnittstelle vom öffentlichen Bereich zum privaten kann umgangen werden [Sicher]. Ein wichtiger Schritt in diese Richtung wäre das Einrichten eines eigenen Benutzers für einen Webbrowser, ähnlich dem Vorgehen bei Webservern. Dort ist bei einem möglichen Einbruch in die Funktionen des Servers als nächstes die Hürde des Sicherheitssystems des Betriebssystems zu nehmen, bevor der Einbrecher an sensible Daten gelangen kann. Auf Mehrbenutzersystemen, wie z.B. Unix, kann ein Anwender unter einem zweiten Login, mit geringen Zugriffsberechtigungen, einen Webbrowser starten, welcher auch in dem Fall eines Einbruches keine sensiblen Daten an Unbefugte preisgibt.

In dem zu betrachtenden Fall einer hochauflösenden Videokonferenzlösung stellt sich das Problem der Sicherheit noch nicht, da die Zielkundschaft dieses System in einem privaten, abgeschlossenen Hochgeschwindigkeitsnetz nutzt. Wird dieses Netz in Zukunft Teil des Internets und dadurch den Angriffen von Fremden ausgesetzt, so muß die Sicherheitsfrage erneut gestellt werden. Bis dahin schafft die Verwendung von ActiveX innerhalb eines privaten Netzes gravierende Vorteile.

4.12.2 Sicherheit der Videokonferenz an sich

Auch der Datenstrom der Videokonferenz könnte Ziel eines Abhörangriffs werden. Durch die Verwendung von modernster ATM- Technologie wird der Kreis der potentiellen Kriminellen, die technisch entsprechend versiert sind, aber stark eingeschränkt. Weiterhin muß bis heute jede Manipulation, die den Datenstroms umlenken könnte, direkt am Switch ausgeführt werden. Als dritte und schwierigste Hürde kann aber die Dekodierung des Datenstrom angesehen werden. Hierzu wären exakt die gleichen Hardwarebausteine, die zur Verwendung kommen, nötig. Zudem muß noch Treibersoftware zur Steuerung der Hardware erstellt werden oder vorhanden sein.

5 Realisierungskonzepte

Nachdem der Entschluß für ActiveX gefallen war, mußte noch entschieden werden, wie die Realisierung des Beispiels einer Videokonferenz im InternetExplorer zu vollziehen ist. Als geradlinigste Idee wurde die Erstellung eines ActiveX- Controls eingestuft, welches die gesamte Funktionalität der Videokonferenzsoftware beinhaltet. Hierbei handelte es sich zu Beginn dieser Arbeit um eine Bibliothek, die sich als Basisklasse einer Fensterklasse verwenden ließ. Die Bibliothek umfaßte zirka 11MB in der Debug- Version und eignete sich damit nicht als Teil einer kleinen Komponente, die auf Abruf zur Laufzeit geladen wird. Als Demonstrationsobjekt wäre diese Umsetzung trotzdem interessant.

Als bestes Konzept für eine komponentenbasierte Videokonferenzsoftware kann die Verwendung von vielen kleinen einzelnen Bausteinen angesehen werden. Da die vorhandene Software wie beschrieben strukturiert vorliegt, ist ein Aufteilen in verschiedene Teile nicht möglich.

Ausgehend davon wurde nach Lösungen für die genannten Probleme gesucht. Als fest definiertes Ziel stand fest, daß ein ActiveX- Control verwendet werden sollte, damit ein Erstellen von Oberflächen in graphischen Entwicklungsumgebungen wie z. B. VB, VC, oder auch dem ControlPad, möglich ist.

Mit diesen Randbedingungen konnte nur ein Client/Server- Modell in Frage kommen, wobei der Client ein ActiveX- Control und der Server einen Automatisierungs- Server darstellt (siehe Abbildung 30). Durch diese Aufteilung wird es möglich, eine kleine Komponente mit den Schnittstellen zum Container (z.b. dem InternetExplorer) zu erhalten, die auf Wunsch das Programm (unsichtbar für den Anwender) für eine Videokonferenz steuert. Der ActiveX (OCX)- Client wird innerhalb des Explorers durch VBScript oder JavaScript angesprochen und unterhält sich mittels COM (Automatisierung wird durch COM erreicht) mit dem Server. Als Nebeneffekt können Client und der Server auch auf verschiedenen Computern residieren und sich durch DCOM verständigen.

Abbildung 30: Struktur der ActiveX- Entwicklungsumgebung

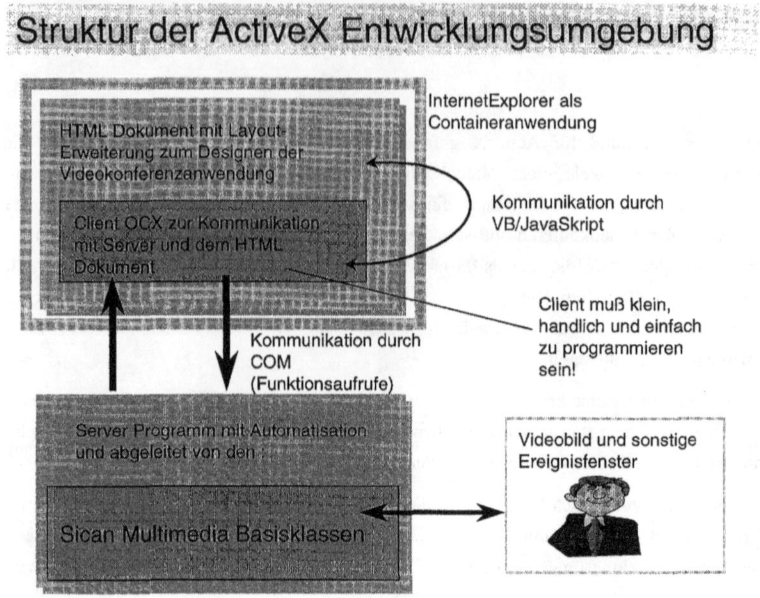

5.1 Künftige Vorgehensweise

5.1.1 Three- Tier Anwendung

Als eine 'Three- Tier' (dreiteilig) Anwendung werden Anwendungen bezeichnet, die auf drei verschiedene Teile aufbauen. Ein klassisches Beispiel wäre die Anbindung einer vorhandenen Datenbank an das WWW. Hier wird die Datenbank 'Database- Server- Tier' genannt. Diese wird von einem WWW- Server, der einerseits an das Internet, andererseits an die Datenbank angeschlossen ist, abgefragt. Dieser nennt sich 'Middle- oder Application- Server- Tier'. Hierbei werden die Daten in darstellbare WWW- Seiten umgewandelt. Als Client des WWW- Servers stellt ein Computer mit Browser den 'Client-Tier' in dieser Anwendung dar.[MSDN]

Ähnlich wie in der oben beschriebenen Anwendung, kann auch das in dieser Diplomarbeit entwickelte Videokonferenz- System wirken.

Hierbei spielt ein kleines ActiveX- Control den 'Client- Tier', um die Kommunikation mit dem Anwender zu optimieren. Dieses Control steuert per DCOM oder Remote- Automation die

Anwendung mit den SICAN- Multimedia- Basisklassen (das 'Application- Server- Tier'). Dabei kann die eigentliche Anwendung auf einem Computer irgendwo im firmeninternen Netz laufen und braucht nicht auf jedem Computer lokal installiert zu sein. Dieses Vorgehen muß aber eingehender untersucht werden, da viele hardwarenahe Komponenten zu steuern sind. Als drittes Glied in der Reihe dieser SICAN- Three- Tier- Anwendung kann entweder eine zentrale Verwaltung aller Computer mit Videokonferenz- Möglichkeit (wie sie bisher notwendig ist) oder beliebige Erweiterungen der Anwendung Videokonferenz stehen (siehe Abbildung 31). So existiert ein Mediaserver, welcher hochauflösende Video- und Musikdateien in CD- Qualität anbietet.

Abbildung 31: Three- Tier Konfiguration

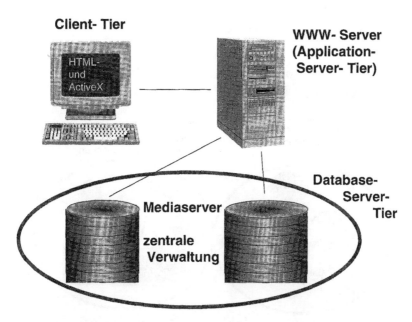

Eine Erweiterung dieser Dienste beträfe nur eine Modifikation des Applikation- Tiers. Veränderungen in der Oberflächenbedienung könnte man durch die Verteilung des Client- Tiers über das Intranet erlauben, wobei das steuernde ActiveX- Control mit der HTML- Layout- Seite geladen würde.

5.1.2 Einzelkomponenten

Als weiterer Vorteil einer Aufteilung von Client und Server kann die Flexibilität eingestuft werden, die man dadurch erreicht. Als ideales Ziel wird die Programmierung der Oberfläche durch einen erfahrenen Anwender gewertet. Dadurch wird die Auslieferung von Software an die Kunden der Firma

SICAN schneller. Beim Kunden kann dann interaktiv direkt vor Ort auf die Wünsche des Kunden eingegangen werden. Dies kann aber nur erreicht werden, wenn die Schnittstellen für den erfahrenen Anwender möglichst einfach gehalten werden, so daß keine Verwechslungen oder sonstigen Mißverständnisse auftreten können. Diese Einschränkung könnte sich wiederum negativ auf die Einsatzfähigkeit in verschiedenen Situationen auswirken, wenn nicht die Möglichkeit bestände, für verschiedene Situationen verschiedene Clients anzubieten. Da solche ActiveX- Controls für sich wiederum leicht erstellbar sind, weil sie nur Methoden des Servers weiter vermitteln, ist eine sehr flexible Videokonferenz möglich, bei der SICAN nicht immer wieder auf Kundenwünsche speziell eingehen und die Software anpassen muß. So können sich die Entwickler auf die Funktionen konzentrieren, und ein Kundenservice ohne spezielle Programmiererfahrungen kann die Kundenwünsche vor Ort anpassen (siehe Abbildung 32).

Abbildung 32: Einseitige Lieferung von Komponenten

Kunde: Selbständige Erstellung der Oberfläche, oder Beratung durch SICAN Kunden- Support

SICAN: Entwicklung des Servers und der ActiveX- Controls nach den Erfordernissen für verschiedene Situationen

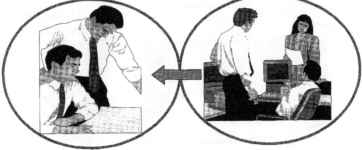

Neben dem Vorteil der Flexibilität hinsichtlich der Situation, ist auch der Wunsch der Erweiterbarkeit leicht erfüllbar. Will ein Kunde neben seinem Videokonferenz- Client nun auch auf einen Videoserver zugreifen, kann dies durch ein zweites OCX umgesetzt werden, welches die Schnittstellen des Videoclients repräsentiert.

Hierbei wird gleichzeitig ein weiterer Vorteil deutlich. Zwei Clients greifen zur selben Zeit auf einen Server zu (siehe Abbildung 33), dabei müssen die Clients nicht einmal innerhalb der selben Anwendung laufen, sondern können auch in verschiedenen gleichzeitig eingesetzt werden. Vor der

Aufteilung durch die ActiveX- Client/Server- Struktur konnte immer nur ein Programm zur selben Zeit auf die SICAN- MM- Basisklassen zugreifen.

Abbildung 33: Mehrere Controls greifen auf eine Applikation mit den Basisklassen zu

InternetExplorer als Containeranwendung

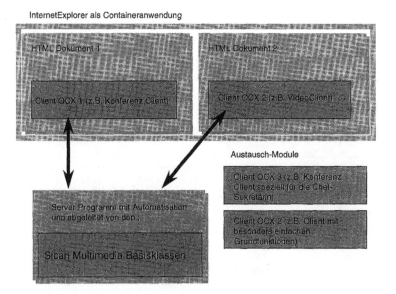

5.2 Datenfluß

Als Übersicht für den Datenfluß in der oben beschriebenen Aufteilung als Three- Tier- Anwendung, kann Abbildung 34 Verwendung finden.

Abbildung 34: Datenfluß bei der ActiveX- Videokonferenz- Anwendung

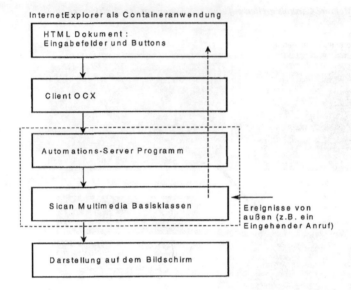

Dabei beinhaltet das Automatisierung- Server- Programm die Bibliothek mit den MM- Basisklassen und kann damit auch als eine Komponente angesehen werden.

6 Spezifikation

6.1 Vorschläge für die Schnittstellendefinition

Für eine einfache Videokonferenz wird im Minimalfall nur eine Möglichkeit benötigt, den gewünschten Teilnehmer auszuwählen. Wünschenswert wäre hierbei eine Liste von Personen, die mit der Videokonferenz- Technik ausgestattet und gleichzeitig zu dem Zeitpunkt des Wunsches nach einer Konferenz auch erreichbar sind. Solch ein Vorgehen setzt ein Verfahren voraus, bei dem jeder Nutzer des Videokonferenz- Systems sich bei Erreichbarkeit (z.B. Präsenz am Arbeitsplatz) bei einem zentralen Verwaltungssystem anmeldet. Dieses System wird in ähnlicher Art und Weise bei SICAN verwendet, um festzustellen, ob Nutzer neben einer Tonverbindung auch in der Lage sind, Bilder zu empfangen.

Das System ist noch nicht soweit ausgereift, daß eine Liste der möglichen Teilnehmer übermittelt werden kann. Deshalb wird die Idee, Teilnehmer durch Auswählen aus einer Liste zu erreichen, auf spätere Implementationen verschoben.

Die bei SICAN verwendete Art, Teilnehmer zu erreichen, wird durch Wählen einer Telefonnummer ermöglicht. Dabei wird automatisch erkannt, ob eine Länderkennziffer, eine Orts- oder Telefonanlagenvorwahl oder auch nur die interne Nummer eingegeben wurde. Daher kann durch Weiterreichen einer beliebigen Zeichenkette mit dem Befehl für Wählen Teilnehmer eindeutig identifiziert werden.

Ankommende Anrufe sollen durch die Basisklassen behandelt werden. Hierfür werden Meldungen von der Basisklasse erzeugt, die bis zu der Bedienoberfläche des Anwenders durchdringen müssen. Entweder muß die Meldung als Event bis zum Control weitergereicht werden, oder der Dialog, welcher von den Basisklassen erzeugt wird, sichtbar gemacht werden.

Als zusätzliche Eigenschaft könnte die Fähigkeit gegeben werden, ein Eigenbild einzublenden, welches auch ohne den Aufbau einer Verbindung möglich ist.

Weitere Funktionen wurden eingeplant, so ist die Fähigkeit, eine Videokonferenz aufzunehmen in den Basisklassen enthalten. Auch existiert die Möglichkeit, einen Mediaserver für hochwertiges Video anzusprechen.

Die Realisierung innerhalb der Basisklassen, erweiterte Funktionen durch Automatisierung ansprechen zu können, wird sich aber nicht wesentlich von den Grundfunktionen unterscheiden.

Deshalb kann innerhalb dieser Technologiestudie auf einen erweiterten Funktionsumfang verzichtet werden, solange die prinzipielle Vorgehensweise deutlich ist.

6.2 Anpassung an die MM- Basisklassen

Die SICAN Multimedia Basisklassen, von hier ab nur Basisklassen genannt, können zur Zeit nur in Anwendungen benutzt werden, die von einer bestimmten Fensterklasse abgeleitet sind. Diese Fensterklasse muß die Microsoft Foundation Classes (MFC) benutzen und dialogorientiert sein, da die Fensterklasse CDialog durch eine Klasse der Basisklassen ersetzt wird, um so die Funktionalität zur Verfügung zu stellen.

Bei der Erstellung einer Grundanwendung mit den MFC kann keine vollständige ActiveX- Unterstützung ausgewählt werden, so daß eine Standard- Dialog- Anwendung mit Automatisierung gewählt werden muß.

Wie in der Implementation (Kapitel 7) beschrieben, muß dann die Anbindung an die Basisklassen geschehen. Als neue Eigenschaften muß das Programm die Automatisierung unterstützen, um damit von außen ansprechbar zu sein und einen Server darzustellen.

Ein Client, der diesen Server anspricht, sollte als ActiveX- Control ausgelegt werden und (zunächst) alle Funktionen des Servers zur Verfügung stellen.

Weiterhin sollte der Client auf Wunsch automatisch oder auf Befehl den Server starten und wieder beenden können. Bei der Ausführung des Servers durch den Client sollte der Server nicht sichtbar sein, wohl aber dann, wenn dieser alleine ohne den Client ausgeführt wird.

Vom Server erzeugte Fenster oder Bildausschnitte sollten sich gezielt plazieren oder in Client- Anwendungen einbetten lassen. Als Mindestanforderung müssen alle erzeugten Fenster sichtbar über dem Client liegen.

7 Implementierung

7.1 Vorgehensweise

7.1.1 Einleitung

Nur Microsofts VC++ konnte verwendet werden, da zu der Zeit der Implementierung nur dieser Compiler C++ und ActiveX unterstützte.

ATL hat in diesem Zusammenhang keine Bedeutung gehabt, da kleine Controls nicht primär von Bedeutung sind, wenn hohe Bandbreiten zur Übertragung zur Verfügung stehen. Weiterhin war mit ATL Version 1.0 eine fehlerbehaftete Form der ActiveX- Unterstützung auf dem Markt, welche erst durch Version 2.0 Mitte 1997 benutzbar wurde.

Da anders als bei SOM oder Objective- C keine Laufzeitumgebung für die ActiveX- Unterstützung existiert, muß auf die Hilfe der Entwicklungsumgebung zurückgegriffen werden. Diese fügt auf Wunsch die Fähigkeit zur Automatisierung ein, so daß direkt der Quellcode modifiziert werden kann.

7.1.2 Der ActiveX- Server

Um einen ActiveX- Server mit den Basisklassen zu erstellen, muß wie schon erwähnt, ein neues Projekt in VC++, basierend auf einer dialogorientierten Anwendung, erstellt werden. Der Unterschied zu herkömmlichen Vorgehensweisen wird eingeleitet durch die Aktivierung der Option 'Automation'.

Durch die Aktivierung wird eine neue Datei von der Entwicklungsumgebung erstellt, die DlgProxy.cpp heißt. Diese Datei behandelt die Proxy/Stub Organisation und ist maßgeblich für die Automatisierung verantwortlich. In dieser Datei sollte man keine Funktionalität implementieren, die direkt auf die Basisklassen zugreift, da eine zentrale Datei mit allen Methoden übersichtlicher ist und diese Datei die Funktion des Vermittelns zwischen Client und Server besitzt. Hier werden die Schnittstellen definiert, und hier kann man die Funktionen des Servers verwenden.

Um die Methoden der Hauptdialogklasse aufzurufen, sind die im Folgenden kommentierten Befehle notwendig (hier nur beispielhaft für die Funktion, um ein Eigenbild einzuschalten):

```
void CSicServDiaDlgAutoProxy::EigenbildEin()
{
    /* Um Zugang zu dem Dialog durch den Haupt- Anwendungszeiger zu bekommen, muß
man den internen Zeiger des Proxys zum Dialog und dem Rückzeiger des Dialogs auf
den Proxy zeigen lassen. */
```

```
    m_pDialog = (CSicServDiaDlg*) AfxGetApp()->m_pMainWnd;
    m_pDialog->m_pAutoProxy = this;

// Wenn der Zeiger auf den Dialog besteht, rufe die Methode:
// OnButtonEigenbild()auf.
        if (m_pDialog)
            m_pDialog->OnButtonEigenbild();
}
```

Die weitere Vorgehensweise unterscheidet sich nicht von der in Kapitel 3.3 beschriebenen, so daß hier darauf verwiesen wird.

Will man einen Kommunikationskanal vom Server zum Client haben, um zum Beispiel eine komfortable Behandlung von eingehenden Anrufen im Control zu ermöglichen, muß derselbe Aufwand betrieben werden wie bei der Anbindung des Clients an den Server. Dadurch wird der Client zum Server für den Server, der in diesem Fall als Client wirkt.

Eine weitere Möglichkeit für das Control, Mitteilungen vom Server zu erhalten, ist eine zeitgesteuerte Abfrage des Servers vom Client, ob Nachrichten für ihn vorliegen.

Methoden, die vom Proxy in der Hauptdialogklasse aufgerufen werden, sind durch Erstellen von Member- Funktionen realisiert. Im Beispiel des Einblendens des Eigenbildes wird folgender Quellcode verwendet:

```
void CSicServDiaDlg::OnButtonEigenbild()
{
    if (!theApp.IsValidLocalHandle(m_hLocalSignal)) {
    // Falls noch keine Videofenster existiert, wird eins erstellt

HLOCALSIGN hs = theApp.OpenLocalVideoMonitor();
    // Anbindung des lokalen Videobildes an den Kanal hs

CVideoSignal* pWnd = new CVideoSignal(hs, this);
    // Einen Zeiger auf das vorbereitete Videofenster bereitstellen

pWnd->Create(CVideoSignal::IDD, this);
    // Videofenster und Signal werden einander zugewiesen

pWnd->ShowWindow(SW_SHOW);
    // Zeigen des Fensters

pWnd->SetForegroundWindow();
    // Fenster nach vorne, damit es nicht verdeckt ist

DWORD dwFlags =    SICMM_AUTODELETE_VIDEOWINDOW
                 | SICMM_ENABLE_SHORTCUT_GETSNAPSHOT
                 | SICMM_ENABLE_SHORTCUT_SHOWSNAPSHOT;
    // spezielle Conrol-Flags

theApp.SetVideoWindow(hs, pWnd, dwFlags, SICMM_OVERLAY_WINDOW_AUTO);
    // Positionierung des Fensters

m_hLocalSignal = hs;
    // Bekanntgabe des Kanals hs an andere Programmabschnitte

} else {
    // Videofenster existierte, war aber nicht sichtbar
        CWnd* pWnd = theApp.GetVideoWindow(m_hLocalSignal);
        // Erlangen des Zeigers auf das Videofenster
```

```
pWnd->SetForegroundWindow();
    // Fenster nach vorne, damit es nicht verdeckt ist
    }
}
```

7.1.3   Der ActiveX- Client

Der Client wurde mit Hilfe der MFC erstellt, so daß eine Laufzeitbibliothek auf dem System vorhanden sein muß. Da der Server dieselbe Bibliothek aber bereits benötigt, stellt dies keine Einschränkung dar.

Es wird ein neues Projekt eröffnet, bei dem man angibt, ein ActiveX- Control mit den MFC erstellen zu wollen. Da das eigentliche Control nicht sichtbar zu sein braucht, wählt man unter den Dialogen 'nicht sichtbar'. Weiterhin soll das Control einbettbar in andere Applikationen sein, wodurch die entsprechende Option ausgewählt werden muß. Andere Einstellungen sind nicht relevant.

Um die Funktionen des Servers nutzen zu können, benötigt der Client Informationen, welche er durch das Auslesen der 'Type- Library' des Servers bekommt.

Eine 'Type- Library' wird bei jedem Programm, welches Automatisierung unterstützt, automatisch erstellt und beinhaltet alle notwendigen Informationen für einen Client, die Methoden des Servers anzusprechen. Hierbei handelt es sich um eine binäre Datei, die mit dem Befehl: 'Read Class From Type- Library' im Class- Wizard eingelesen wird. Dabei hat man die Möglichkeit, der persönlichen Kopie dieser Datei einen eigenen Namen zu geben.

Als nächster Schritt muß diese Datei in der Header- Datei des Clients bekannt gemacht werden. Danach kann man eine Referenz dieser Schnittstelle als allgemein lesbar definieren, damit von nun an der Client die Methoden des Servers über diese Referenz (Member- Variable der Schnittstelle) ansprechen kann.

Im Folgenden wird der wichtigste Teil des Quellcodes angegeben und kommentiert, der für die Anbindung (zu Laufzeit) des Clients an den Server zuständig ist.

```
/////////////////////////////////////////////
// ein SicServDia Object, welches wir durch OLE Automation steuern, kreieren!!!
COleException e;          /* um Fehler abzufangen */
CLSID clsid;              /* deklariert Speicher, um eine CLSID aufzunehmen */
if (CLSIDFromProgID(OLESTR('SicServDia.Application'), &clsid) != NOERROR)
/* SicServDia ist die Anwendung, die durch den Befehl OLESTR aus der Registry als
Programm ID ausgelesen werden kann. Danach wird diese ProgID zu einer CLSID
umgewandelt und in 'clsid' zwischengespeichert. */
    {
         return FALSE;
    }

// hier soll ein bestehendes Object gefunden und benutzt werden, bevor wir eine
// neues benutzen, z.B. bei zwei steuernden OCXen
LPUNKNOWN lpUnk;          /* ein spezieller Zeiger auf IUnknown */
LPDISPATCH lpDispatch;    /* ein spezieller Zeiger auf IDispatch */
if (GetActiveObject(clsid, NULL, &lpUnk) == NOERROR)
/* wenn das aktive Objekt (hier unser Server) schon im Speicher vorhanden ist,
bekommt man mit '&lpUnk' einen Zeiger darauf zurück */
    {
         HRESULT hr = lpUnk->QueryInterface(IID_IDispatch,(LPVOID*)&lpDispatch);
```

```
/* hr speichert die Fehlermeldung, die durch die Verwendung von QueryInterface()
entstehen könnte. Durch QueryInterface() wird mit dem ersten Parameter die ID der
Schnittstelle, welche man benötigt, übergeben und bekommt dann, bei Existenz
dieser, einen Zeiger auf den Schnittstellenzeiger dieses Objektes */
    lpUnk->Release();               /* dekrementiert den Referenzzähler des Servers */
    if (hr == NOERROR)
            m_SicServDia.AttachDispatch(lpDispatch, TRUE);
    /* wenn die Schnittstelle IID_IDispatch existiert, wird der Zeiger lpDispatch an
die Referenz der Schnittstelle mit dem Namen: 'm_SicServDia' verbunden. Ab nun
kann man m_SicServDia durch Verwendung dieses Namens aufrufen. */
    }

    // hier wird der wichtigste Dispatch- Zeiger verknüpft, falls das noch nicht
    //geschehen ist!
    if (.m_lpDispatch == NULL && !m_SicServDia.CreateDispatch(clsid, &e))
    /* Wenn kein Zeiger IDispatch existiert (der eine Membervariable m_lpDispatch für
dieses Programm besitzt) und das Kreieren solch einer Verbindung negativ ist,
wird eine Fehlermeldung ausgegeben. */
    {
            return FALSE;
    }

//////////////////////////////////////////////////
```

Mit diesen Anweisungen ist es möglich, einen entfernten (oder lokalen) Server anzusprechen, und dann weiterhin seine Methoden durch:

```
m_SicServDia.MethodenName
```

anzusprechen. Diese Anweisungen verpackt man vernünftigerweise auch in eine Methode, die durch Scriptaufrufe von dem Container des Controls ausgeführt werden kann. Dadurch wird dem erfahrenen Anwender überlassen, wann er den Server startet. Zu Testzwecken kann so auch eine Schaltfläche mit der Funktionalität, den Server zu starten, ausgerüstet werden.

Scriptfähige ActiveX- Methoden werden durch direkte Menüaufrufe innerhalb der Entwicklungsumgebung zugefügt, ohne daß sich der Programmierer um den korrekten Kontext kümmern braucht.

7.2 Endgültige Definition der Schnittstellen

7.2.1 Schnittstellen = Scriptbefehle

Einerseits mußten Schnittstellen vom Server zum Client neu definiert werden, und andererseits die Schnittstellen, die der Client der Öffentlichkeit preisgibt. Durch diese Zweiteilung für dieselbe Sache ist eine Verwechslung leicht möglich, so daß hier ein einheitliches Vorgehen notwendig ist.

Definition 1: alle zusätzlichen, neuen Schnittstellen werden in deutscher Sprache beschrieben, aber ohne Umlaute. Damit ist eine eindeutige Unterscheidung von vordefinierten zu neudefinierten Schnittstellen möglich. Eine Verständigungsschwierigkeit wegen der Sprache kann in diesem Fall nicht erwartet werden, da die Kernimplementation des Servers immer bei der deutschen Mutterfirma bleiben soll. Für eine mögliche Verteilung an anderssprachige Kunden kann speziell ein Client mit

Schnittstellen in der Landessprache erstellt werden. Damit wird dem erfahrenen Anwender in dem fremden Land eine Hilfestellung gegeben, welche Scriptbefehle er für eine Videokonferenz benötigt.

Definition 2: alle Methoden des Servers, die über die eigene Benutzeroberfläche angesprochen werden können, werden durch OnButton____() eingeleitet. Hierbei steht 'Button' als Platzhalter für die jeweiligen Bedienelemente und ____ für den Namen.

Definition 3: alle Methoden des Servers, die vom Client angesprochen werden können, werden mit On____() angegeben, wobei der selbe Namen der Methode der Bedienelemente benutzt wird, solange dieser existiert.

Definition 4: alle Scriptbefehle des Clients, sollen möglichst einfach sein und zudem eine eindeutige Zuweisung zu den Methoden des Servers herstellen.

Im Rahmen dieser Arbeit wurden nur drei wesentliche Funktionen implementiert. Jede wird durch eine Schnittstelle repräsentiert, die eindeutig ihre Funktion beschreibt. So lautet die Schnittstelle, mit der das eigene Videobild dargestellt wird: EigenbildEin(), ohne Rückgabewert und ohne Parameter. Auch ohne Parameter und Rückgabewert ist die Methode, um das Serverprogramm zu starten: StartSICMM(). Um eine Videokonferenz aufzubauen, wird nur ein Befehl zum Wählen einer Nummer benötigt; dieser besitzt einen Paramerter vom Typ 'String', der die Telefonnummer aufnehmen kann: Waehle(Nummer).

7.2.2 Änderungsmöglichkeiten

Die Festlegung auf landessprachspezifische Schnittstellen kann in einem internationalen Markt umstritten sein. Die Änderung dieser Schnittstellen, speziell vom Server zum Client, sollte deshalb diskutiert werden, bevor ein größeres Projekt, aufbauend auf diese Diplomarbeit, in Angriff genommen wird.

Durch die vollständige Beschreibung des Systems ist eine leichte Neuimplementierung gegeben, sollte aber vorher diskutiert werden, da eine Aufteilung der Basisklassen in viele kleinere Komponenten erstrebenswerter ist, wie in Kapitel 5 und 8 erläutert.

7.3 Demonstration

Nach den beschriebenen Entwicklungsschritten ist es nun möglich, mit dem ControlPad oder ähnlichen Werkzeugen eine komplexe Aufgabenstellung innerhalb des IE, in Minuten zu erzeugen. Durch Übergabe der Telefonnummer kann mittels dieser Schnittstelle eine Videokonferenz-Verbindung zu einem anderen Teilnehmer aufgebaut werden. Diese Übergabemethode mit Parameter kann durch verschiedenste Wege zustande kommen. Der einfachste Weg ist der, ein Eingabefeld, in welches der Anwender die Telefonnummer eingab, auszulesen, um dann beim Kommando: 'Wählen' die gewünschte Nummer zu wählen.

Um diesen beschriebenen Fall zu realisieren benötigt man wenige Minuten und kann dafür mehr Zeit aufwenden, um auf Kundenwünsche im Layout einzugehen.

Mit folgenden Scriptzeilen in VBScript wird dieses Szenario realisiert, wobei durch das Werkzeug ControlPad alle notwendigen HTML- Befehle für den Browser unsichtbar für den erfahrenen Anwender sind:

```
REM Hier werden durch einen Button- Click die Basisklassen gestartet
Sub Starten_Click()
call SICMMClient1.StartSICMM()
end sub

REM Hierdurch kann ein Eigenbild eingeblendet werden
Sub Eigenbild_Click()
call SICMMClient1.EigenbildEin()
end sub

REM Hierdurch wird die Nummer des Textfeldes gelesen und angewählt
Sub Waehle_Click()
nummer = TextBoxNummer.Value
call SICMMClient1.Waehle(Nummer)
end sub
```

Das Ergebnis, bzw. das Layout kann wie in Abbildung 35 gezeigt, aussehen:

Abbildung 35: Beispiel- Layout der ActiveX- Videokonferenz

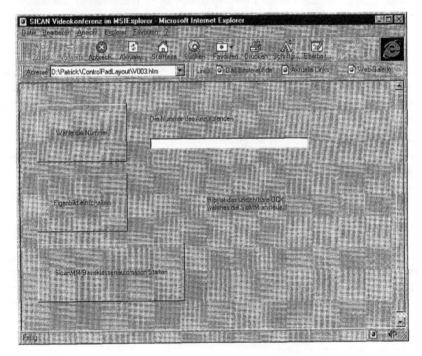

Auch Rapid Prototyping ist mittels Scripting möglich, da durch einfache Aufrufe der Container-Rahmen unsichtbar gemacht werden kann, so daß ein Anwender denken kann, er hätte ein eigenes Programm vor sich. Abbildung 36 stellt die selbe Seite dar, nur daß diese mit dem JScript- Befehl:

```
window.open('file:V003.htm', 'Pat's Test',
  'top=10,left=10,width=600,height=400');
```

aufgerufen wurde.

Abbildung 36: Rapid Prototyping mit dem InternetExplorer

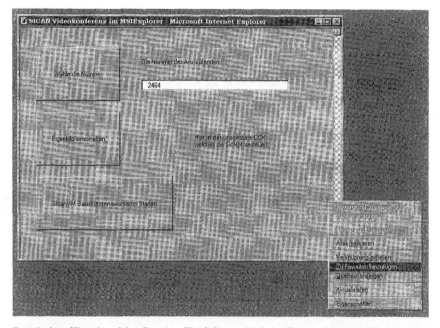

Den einzigen Hinweis auf den Container IE erhält man durch das Kontext- Menü des Hintergrundes, welches verrät, daß man die Datei auch zu seinen Favoriten (äquivalent mit den 'Bookmarks' der Browser von Netscape) hinzufügen kann.

8 Test und Integration

8.1 Einführung

In diesem Kapitel wird die Integration der erstellten Softwaremodule und ihr Verhalten unter verschieden Bedingungen beschrieben. Es wird das Testverfahren mit dessen Ergebnissen angegeben, sowie Problemlösungsmöglichkeiten angesprochen. Auf die Bedienung der Module wird am Ende des Kapitels eingegangen.

8.2 Durchführung und Ergebnis

Um die Funktionstüchtigkeit der erstellten Softwaremodule testen zu können, wurde die Software auf einem Rechner ausgeführt, welcher an das firmeneigene ATM- Netz angeschlossen war. Durch diese Maßnahme konnte nun eine Videokonferenz zwischen diesem und anderen Teilnehmern in dem selben Netz aufgebaut werden.

Wegen der Verwendung von vorgefertigten Bibliotheken, konnte das Gesamtsystem ohne Schwierigkeiten in die bestehende Struktur integriert werden, und war auch ohne Einschränkungen in der Lage eine Videokonferenz- Verbindung mit anderen Teilnehmern aufzubauen.

8.3 Probleme

Die bisherige Implementation nutzt die Funktionalität der zugrundeliegenden Basisklassen auch für die Darstellung des Videobildes in einem eigenen Fenster, wie in Abbildung 37 zu sehen ist:

Abbildung 37: Freie Positionierung der Videofenster

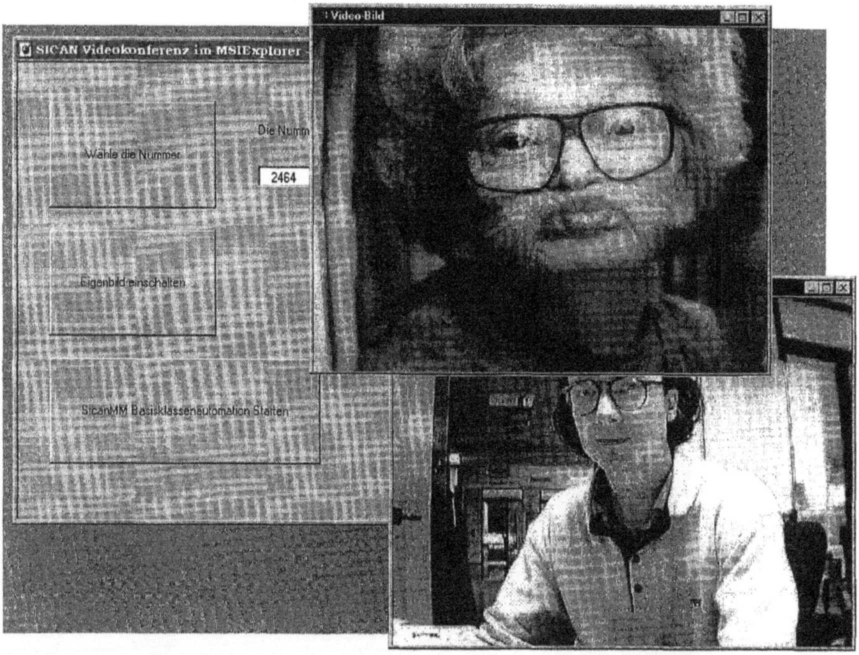

Eine Einpassung des Videos in einen bestimmten Bereich ist wünschenswert. So könnten Bildschirm-Layouts erstellt werden, die nicht mehr von dem Anwender verändert werden müssen.

Weiterhin ist die Verwendung der gesamten Basisklassen speicheraufwendig und zeitkonsumierend. Es traten längere Lade und Initiierungsphasen auf. Eine Aufteilung in einzelne Komponenten ist anzustreben, da hier nur benötigte Komponenten geladen werden müsten.

8.4 Lösungen

Die Integration des Videos in die HTML- Seite wurde innerhalb eines Projektes parallel zu diesem gelöst. Die Erkenntnisse und Ergebnisse dieser Arbeit müssen nur noch auf die vorliegende Diplomarbeit übertragen werden.

Die Aufteilung der Funktionen des Servers in kleinere Einheiten, ist mit den Basisklassen bisher zu aufwendig. Mit Fortschreiten der Technik ist die Größe des Servers von ca. 1,5MByte nicht mehr so kritisch.

Vorstellbar sind dagegen kleine Komponenten, welche auf die Hardware- Ebene direkt aufsetzen. Damit wären dann auch Anwendungen vorstellbar, die massiven Nutzen aus dem

Komponentensoftwarekonzept ziehen und zudem nicht auf Videokonferenz beschränkt, sondern auch für allgemeinere Aufgaben wiederzuverwenden sind, wie zum Beispiel Überwachungs- und Steuerungsaufgaben. Die besondere Funktionalität der Basisklassen besteht hauptsächlich in der Fähigkeit, Verbindungen zu signalisieren, d.h. zu vermitteln, zu verbinden. Könnte diese Eigenschaft isoliert werden, können für die restlichen Funktionalitäten kleinere Komponenten benutzt werden.

8.5 Bedienung

Die Bedienung der Resultate dieser Diplomarbeit gliedert sich in zwei Ebenen: Einerseits für den erfahrenen Anwender und seinem Umgang mit dem Control und andererseits die Bedienung des HTML-Layouts selber. Der zweite Fall, die Bedienung der drei Schaltflächen, ist selbsterklärend.

Die Benutzung und der Umgang mit dem Control wird durch die Verwendung des ControlPads so vereinfacht, daß nur noch Grundwissen im Umgang mit einem visuellen Zeichenprogramm notwendig ist. Sogar die Programmierung wird dem erfahrenen Anwender soweit abgenommen, daß dieser nur ein sehr grundlegendes Wissen benötigt. Hierfür wird auf Literatur zum Thema VBScript und JavaScript verwiesen.

9 Ergebnis

Diese Diplomarbeit hat einen Einblick in den Wandel der Softwareherstellung gegeben. Wurden bis vor kurzem große, monolithische Programme von einzelnen Programmierern erstellt, die höchstens in kleineren Gruppen zusammenarbeiteten, wird nun die Möglichkeit denkbar, Komponenten einzusetzen, die nicht nur von den hauseigenen Programmierern stammen, sondern auch von Fremdanbietern sein können. Der Markt dieser Komponenten beschränkt sich bisher noch auf spezielle Computerplattformen, wird aber durch Standards, welche die Zusammenarbeit von Software untereinander definieren, aufgelöst. Wie nach einem Baukastenprinzip ist es möglich, alle betrachteten Konzepte miteinander zu verbinden. Teilweise sind kommerzielle Drittlösungen als Verbindungsglieder notwendig, und teilweise wird die Zusammenarbeit von den unterschiedlichen Komponentensoftwarekonzepten ausdrücklich gewünscht.

Als Ergebnis dieser Arbeit können vier Hauptresultate isoliert werden:

1. ActiveX ist ein funktionierendes Technologiekonzept für Komponentensoftware auf Microsoft Windows Systemen. Dadurch sind ca. drei Viertel aller installierten Computersysteme fähig, auf diese Technologie zuzugreifen. Alle sonstigen Konzepte müssen zwangsläufig Schnittstellen zu dieser Technologie bereitstellen. Die Möglichkeit zur Verteilung einzelner Komponenten mit DCOM ist gegeben, unterliegt aber Beschränkungen, so daß besser gleich eine Brücke zu CORBA geschlagen werden sollte.

2. CORBA ist der vorzuziehende Standard für verteilte Komponenten auf allen Systemen. Sogar ActiveX sollte vorzugsweise in einer verteilten Computerumgebung auf diesen aufsetzen, um mit anderen Systemen kommunizieren zu können. Zur Zeit ist ein CORBA- konformer Datenaustausch nur mit Brücken von Drittanbietern möglich. Als Beispiele können die ActiveX / CORBA- Brücke von der Firma IONA und die PDOs von der ehemaligen Firma NeXT (nun Apple) angeführt werden. Mindestens das IIOP, welches die Zusammenarbeit von unterschiedlichen ORBs regelt, sollte unterstützt werden (wie bei NeXT). Durch die Bemühungen der OMG wird mit dem CORBA- Standard die Möglichkeit der Verbindung von unterschiedlichsten Plattformen gegeben, so kann auf einem einzelnen System das bestgeeignete Komponentensoftwarekonzept eingesetzt werden, welches dann mit dem IIOP eine Verbindung zu anderen Plattformen eingehen kann.

3. Als beste Realisierung eines verteilten Softwarekonzeptes wird die Technologie der ehemaligen Firma NeXT bewertet. Durch die Unterstützung des IIOP wird eine Anbindung nach den Vorstellungen der OMG erreicht. Für eine größere Verbreitung kann der Einsatz dieser Technologie im nächsten Apple- Betriebssystem 'Rhapsody' führen, da dies, wie auch die anderen Produkte von NeXT, auf mehreren Computersystemen eingesetzt werden kann.

4. Das JavaBeans- Konzept entwickelte sich während der Erstellung dieser Arbeit so schnell, daß eine weitere Beobachtung empfohlen ist. Zu einem Konkurrenten von ActiveX wird es für Microsoft Windows- Systeme nicht werden, dafür aber zu einem Konzept, welches die systemübergreifende Verbindung von Windows zu anderen Systemen erlauben könnte. Die jetzigen Möglichkeiten der Kombination von beiden Konzepten wird eine Koexistenz beider erlauben.

10 Ausblicke

Mit den untersuchten Technologien kann man jetzt schon erahnen, wohin und wie weit die Entwicklung in der Zukunft gehen wird. Sind die Anfänge heutiger Komponentensoftwaresysteme immer noch kompliziert zu bedienen und eingeschränkt, so müssen zukünftige Konzepte weitere Forderungen erfüllen. Jetzt ist schon leicht vorzustellen, daß eine echte Plattformunabhängigkeit Vorteile bringen kann, daß Standards geschaffen werden, die nicht von einzelnen Firmen ausgehen, und daß ein Entwickler bestehende Software nicht immer neu erfinden muß.

In der Zukunft wird aber auch die Wiederverwendung von Software zur Laufzeit einen immer größeren Stellenwert bekommen. Es könnte möglich werden, Softwarekomponenten zu benutzen, die nicht nur von einer Festplatte von vielen Anwendern benutzt werden, sondern schon im Hauptspeicher eines verbundenen Computers residieren. Dabei könnte es sogar unbedeutend werden, ob die Komponente über das Netzwerk übertragen wird, um eine bestimmte Funktion auszuführen, oder nur das Ergebnis dieser Funktion.

Mit steigender Bandbreite der Netzwerktechnologie und steigender Nutzung des Komponentenkonzeptes sollte eine optimale Ressourceausnutzung der Speichermedien erfolgen. Ein verteiltes Computersystem mit nahezu unbegrenzter Leistung kann so Wirklichkeit werden.

Um dies zu erreichen, muß man sich erst auf ein Komponentenkonzept einigen, damit durch den Austausch von fertigen Komponenten die Softwareindustrie den gesteigerten Bedürfnissen der Anwender gerecht wird.

11 Zusammenfassung

Das Thema Komponentensoftware ist zur Zeit sehr aktuell und wird unter vielen Aspekten diskutiert. Es werden neue Konzepte vorgestellt, alte überarbeitet und versucht, bestehende mit den neuen zu kombinieren.

Diese Diplomarbeit betrachtete die bekanntesten Konzepte und demonstrierte die Verwendung des ActiveX- Konzeptes in einem Beispiel, bei dem Softwarekomponenten die Entwicklungszeit bei der Erstellung von hochwertigen Videokonferenzen signifikant kürzen konnten. Zusätzlich wird eine neue Ebene in den Prozeß der Softwareherstellung eingeführt: der erfahrene Anwender. Wie in der folgenden Abbildung zu sehen, gliedert sich der Weg einer Softwareanwendung neu und wird spezieller.

Abbildung 38: Eine neue Ebene der Softwareherstellung

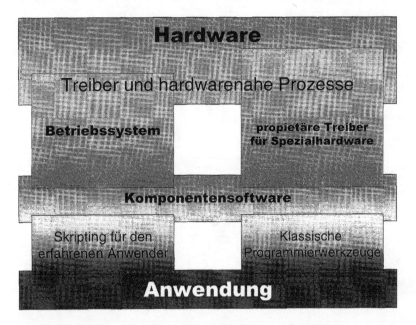

Mit Komponentensoftware wird es möglich, die Abstraktionsebene bei der Erstellung von Software etwas weiter zu schieben. Der Entwickler, der Komponentensoftware einsetzt, braucht sich nicht mehr um spezielle Hardware zu kümmern und sogar die Entkopplung von Betriebssystemen und firmenspezifischen Details wird ermöglicht. Dadurch entsteht ein neues Berufsfeld, welches sich genauer mit den Wünschen des Anwenders auseinandersetzen kann, um so bessere Anwendungen zu kreieren.

12 Literatur

[Böker]   Bernd Böker, Diplomarbeit an der Universität Hannover 1996: 'Entwicklung verteilter Systeme mit CORBA'

[Chapp]   David Chappell :'ActiveX und OLE verstehen', Microsoftpress 1996

[COM]   'The Component Object Model Specification' Draft Version 0.9, Oktober 24, 1995; Microsoft Corporation und Digital Equipment Corporation

[CT397]   c't – Magazin für Computertechnik. Ausgabe März 1997

[CT494]   c't – Magazin für Computertechnik. Ausgabe April 1994 'Objekte im Austausch'

[DCOMdraft]   Internet Draft von der Internet- Engineering- Task- Force (IETF) November 1996 von Nat Brown und Charlie Kindel, ftp://nic.nordu.net/internet-drafts

[Dragan]   PC-Magazin Ziff-Davis Publishing Company. '97 http://www.zdnet.com/news/javabeans.html

[ErnstKottler]   Warren Ernst und John J. Kottler: 'ActiveX, Technik, Konzepte, Beispiele' Markt & Technik, Buch und Softwareverlag

[Fingar]   Fingar, Read, Stikeleather: 'Next Generation Computing: Distributed Objecs for Business' SIGS Books & Multimedia 1996 auch unter: http://www.sun.com/sunworldonline/swol-04-1996-oobook.html

[Fresko]   Braddock Gaskill: 'OpenDoc' http://www.jagunet.com/braddock/opendocc.html

[Fromme]   Studienarbeit von Michael Fromme, Universität Hannover 1995, 'Multimediakonferenzen in der Wissenschaft'

[Grae]   Diplomarbeit von Karina Gräbig, RVS Universität Hannover 1997, 'Multimediale Kommunikation mittels Videokonferenzen in der Medizin'

[Haefner]   Ulfert Häfner, Diplomarbeit über: 'Computer Supported Cooperative Work - Ein allgemeiner Überblick sowie die Spezialanwendung Videokonferenz', KBS der Universität Hannover 1997

[IBMopendoc] OpenDoc Startseite http://www.software.ibm.com/opendoc/

[IBMreadme]   Readme.html Document zur Installation von OpenDoc auf Windows Betriebssystemen. http://www.software.ibm.com/ad/opendoc/downloads/

[IBMsom30]	Dev.Toolkit 3.0 http://www.software.ibm.com/ad/somobjects/library/som30.html
[IBMsomobj]	SOM Referenz http://www.software.ibm.com/ad/somobjects/library/
[IBMvisualage]	PC Magazin Ausgabe Feb'97 und http://www.software.ibm.com/ad/visualage/pcmg0098.htm
[InsC++]	'Inside Visual C++', David J. Kruglinski, Microsoft Press 1996
[iX]	Magazin für professionelle Informationstechnik, Heise Verlag, Hannover, Ausgabe August 1997
[JavaBeans]	JavaSoft Homepage für JavaBeans http://splash.javasoft.com/beans
	JavaBeans Homepage mit Ankündigungen von JavaBeans- Werkzeugen http://splash.javasoft.com/beans/tools.html
[JavaSoft]	JavaSoft Online- Tutorial zur Kommunikation zwischen Applets http://www.javasoft.com/docs/books/tutorial/applet/communication/iac.html
[Joe]	'NEO & Joe Solutions' http://www.sun.com:80/solaris/neo/joe/index.html
[JScript]	JScript Informationen http://www.microsoft.com/JScript/
[Lafore]	Robert Lafore, 'Objektorientierte Programmierung in Turbo C++', The Waite Group 1994
[MSDN]	Microsoft Developer Network Library, Juli 1997
[Mueller]	'ActiveX from the Ground Up', John Paul Mueller, Osborne, The McGraw-Hill Companies 1997
[NeXT]	'NeXT – Generation' OPENSTEP http://www.next.com
[NeXTSTEP]	Online Hilfe des NeXTSTEP Betriebssystems
[Noel]	Diplomarbeit von Jochen Nölle, RVS Universität Hannover 1997, 'Videokonferenz über IP- Netze'
[OMG]	Object Management Group http://www.omg.org/library/specindx.htm
[Orbix]	'Orbix for Windows' http://www.iona.com/Orbix/Desktop/index.html
[RMI]	Remote Method Invocation http://chatsubo.javasoft.com/current/
[RRZN]	'Die Programmiersprache C++ für C- Programmierer', Regionales Rechenzentrum für Niedersachsen/Universität Hannover, 1994
[Schw95]	Martin Schwarz 'Überblick über die objektorientierte CORBA Technologie', TU-München 1995; http://www.informatik.tu-muenchen.de/~schwarma/

[Schw96]   Diplomarbeit von Martin Schwarz, TU-München 1996 : 'Vergleich von
                  Verbunddokumentarchitekturen und Verbunddokumentframeworks,
                  Implementierung einer verteilten Mehrbenutzereditorkomponente'

[Sicher]   Sicherheit im WWW, White Paper,
                  http://www.genome.wi.mit.edu/WWW/faq/www-security-faq.html

[Strou]   Bjarne Stroustrup, 'Die C++ Programmiersprache', Addison-Wesley 1992

[SUNscript]   Offizielle Ankündigung von JavaScript http://java.sun.com/pr/1995/pr951204-
                  03.html

[SUNtcl]   TCL/Tk Homepage von SUN http://sunscript.sun.com

[Ţaligent]   JavaBeans Migration Assistant for ActiveX Preview, Taligent Inc.
                  http://www.taligent.com/webrunner_toolkit

[Tocx]   ActiveX- TCL/Tk Erweiterung
                  http://www.cs.cornell.edu/Info/Projects/zeno/tocx/

[VBA]   Online-Beschreibung von VBA http://www.microsoft.com/vba

[VBScript]   Online-Beschreibung von VBScript http://www.microsoft.com/vbscript

[WamSmärz]   Welt am Sonntag vom 22/23.3.1997

[Webobj]   Press Release Question&Answers NeXT und Microsoft
                  http://www.next.com/pdo/info/PDO3_062095.html

[Williams]   Gregg Williams, Apple Directions staff: 'OpenDoc and JavaBeans'
                  http://devworld.apple.com/mkt/informed/appledirections/jan97/stratmosaic.html

13 Glossar

API Application Programming Interface. Eine Schnittstelle vom Betriebssystem oder einem anderen lizensierten Programm, welche anderen Programmen, die in höheren Programmiersprachen geschrieben wurden, spezielle (standardisierte) Wege bereitet, um auf die Daten oder die Funktionen derselben zuzugreifen.

Bento Eine Dateiarchitektur bei OpenDoc für OS/2, Windows, AIX-Betriebssystemen.

CI Labs Component Integration Laboratories. Eine Vereinigung von Hard- und Software- Herstellern, welche die Entwicklung und Verbreitung von OpenDoc überwacht.

Class Factory Eine COM- Klasse, die für das Erzeugen einer neuen Instanz einer anderen Klasse innerhalb des ActiveX-Servers zuständig ist. Dadurch wird ein einheitliches Tor für alle Clients geschaffen, die innerhalb eines Servers mehrere Klassen aufrufen wollen.

Class ID Eine GUID, die eine COM- Klasse identifiziert. Typischerweise CLSID abgekürzt.

Class Table Eine Liste von CLSIDs und Zeigern von Class- Factory für den laufenden COM- Server auf der Maschine.

COM Component Objekt Model. Das Objektmodel von ActiveX.

CORBA Common Object Request Broker Architecture. Ein Standard, welcher von der Object Management Group (OMG) vorgeschlagen wurde, um die Zusammenarbeit zwischen (verteilten) Objekten zu regeln.

Cut & Paste Austausch von Daten und OpenDoc- und OLE- Komponenten mit Hilfe von Cut-, Copy- und Paste- Kommandos unter Verwendung einer Zwischenablage.

DDE Dynamic Data Exchange. Ein Nachrichtenaustauschverfahren, um ge-linkte Dokumente zu verbinden (Linking)

DLL Dynamic Link Library. Eine Sammlung von ausführbaren Programmiercodes und Daten, welche zur Laufzeit mit der Anwendung verbunden werden. Der Code kann von verschiedenen Programmen gleichzeitig benutzt werden.

Document Shell Eine ausführbare Applikation. Sie stellt für jedes OpenDoc- Verbunddokument einen Adreßraum bereit, in dem die Parts des Verbunddokuments ausgeführt werden.

Dokument Eine Datendatei, die eventuell aus unterschiedlichen Datentypen besteht und mit Hilfe einer Softwareapplikation gelesen, bearbeitet, dargestellt, eventuell editiert und gespeichert werden kann.

Drag & Drop Direkter Austausch von Daten und OpenDoc- und OLE- Komponenten mit Hilfe von Mausoperationen ohne Benutzung einer Zwischenablage.

DSOM Distributed System Object Model. Eine Version von SOM, welche entfernten Zugriff auf SOM- Objekte ermöglicht. Dieses geschieht transparent und ermöglicht eine Client Programmierung , ohne den genauen Ort (oder die Plattformen) der Zielobjekte zu wissen. DSOM ermöglicht Programmieren, dasselbe Objektmodell zu verwenden, egal ob sich die Objekte im gleichen Prozeß, in einem anderen Prozeß , oder gar irgendwo im Netz befinden.

GUID Globally Universal IDentifier. Ein 128-bit Identifikator, welcher unter Zuhilfenahme von Datum/Uhrzeit, Uhr Sequenz, Zähler und IEEE machine identifier (meistens die Seriennummer der Netzwerkkarte) berechnet wird.

IAC Interapplication communication. Ein Standard und erweiterbarer Mechanismus zur Kommunikation zwischen Programmen.

IDL Interface Definition Language. Sprachunabhängige Syntax, um Schnittstellen von Klassen bei SOM und CORBA zu beschreiben. Bei der ActiveX- Technologie existiert auch eine IDL, die aber nicht wie bei SOM und CORBA von der OMG standardisiert ist.

Inheritance Vererbung. Die Weitergabe von Ressourcen oder Attributen von einer Elternklasse zur Kindklasse. Die neue Kindklasse erbt alle Daten und Funktionen der Elternklasse, ohne sie neu definieren zu müssen.

Interface ID Eine GUID, die ein COM- Interface identifiziert. (auch IID)

Interface Pointer Ein Zeiger zu einem Interface; entweder auf eine Tabelle im Speicher (die dann weiter auf die Methode verweist), oder auf einen RPC Proxy.

Interface Schnittstelle. Eine festgelegte semantische Verbindung von Client und Objekt. Kann auch eine Sammlung von Methoden darstellen. Die Interface GUID wird IID genannt. Den Interfacenamen werden in der ActiveX- Technologie große I's vorangestellt. (z.B. ICustInfo).

LAN Local Area Network. Ein lokales Netz.

Linking Datenverknüpfung: Datenaustausch über Drag & Drop oder Cut & Paste, zusätzlich wird aber das Ziel des Datenaustausches mit der Quelle verknüpft. Wenn sich Daten der Quelle ändern, wird dies dem Ziel mitgeteilt und die Daten in eine gemeinsam benutzte Zwischenablage gestellt, die es dem Ziel erlauben, Daten und ihre Darstellung an die Daten der Quelle anzupassen. (DDE)

Marshalling Der Prozeß des Einpackens der Interfacedaten in RPC Pakete, um diese dann zu versenden.

Methode Ein Stück Programmcode, das bestimmte Funktionen ausführt, Daten annimmt und abgibt und Objekte manipulieren kann.

Objektmodell Spezifikation von Schnittstellen und Diensten, die es erlauben, Objekte in unterschiedlichen Programmiersprachen zu erstellen, in binärer Form zu verwenden und in ein Gesamtprogrammsystem zu integrieren. Ein verteiltes Objektmodell definiert zusätzlich Schnittstellen und Dienste für die Verwaltung und die Verwendung von binären Objekten über Prozeßgrenzen und Rechnergrenzen hinweg.

ODF OpenDoc Development Framework. Ein Part-Editor (Programmier)Gerüst zur Erstellung von Parts bei OpenDoc. Bei CORBA wird damit auch das *Open Development Framework* bezeichnet.

OLE Object Linking and Embedding. Ein Protokoll für Anwendungen, welches Objekten ermöglicht, in fremde Anwendungen eingebettet oder verknüpft zu werden. Diese veraltete Abkürzung wird heute noch als stehender Begriff verwendet und wird mit der ActiveX- Technologie gänzlich verschwinden. Die Grenzen von OLE und ActiveX sind schon heute nicht mehr vorhanden.

OMG Object Management Group. Ein Industriekonsortium, welches Standards zur objektorientierten Programmierung vorschlägt.

Part Ein Bestandteil eines Verbunddokumentes. Es besteht aus dem eigentlichen Inhalt plus (zur Laufzeit) einem Part-Editor Code, welcher den Inhalt des Parts verändern kann. Von Programmiererseite ist ein Part ein Objekt, eine Instanz von ODPart. Für einen Anwender ist ein Part ein einziger Satz von Informationen in einem oder mehreren Bereichen des Dokumentes.

Proxy Ein kleines binäres Programmstück, welches sich genauso verhält wie die Verbindungsstelle von dem entfernten Serverinterface. Der Client ruft den Proxy genauso auf, wie er es mit dem 'echten' Serverinterface tun würde, nur daß hierbei (unsichtbar für den Client) die Daten zu dem Stub gemarshalled werden, welcher dann den Server aufruft.

Registry Eine Datenbank, welche ausführbare Programmodule mit den zugehörigen Datentypen verbindet, ihre Eigenschaften festlegt und diese Informationen systemweit und anwenderspezifisch speichert. Beispiele sind das Part-Registry bei OpenDoc und das System-Registry von Windows.

Repository Eine Datenbank, in der Namen Objekten zugeordnet werden, welche dann zur Laufzeit benutzbar sind. Es wird zwischen verschiedenen Repositories bei SOM und OS/2 unterschieden. Vergleichbar mit der Registry von COM.

Softwarekomponente Eine Softwarekomponente (kurz Komponente) ist eine abgeschlossene, in binärer Form (als DLL oder EXE) vorliegende Softwareapplikation, die eine ganz bestimmte Aufgabe übernimmt und mit Hilfe von öffentlichen Schnittstellen in der Lage ist, sich in ein Gesamtsoftwaresystem zu integrieren.

SOM System Object Model. Ein Objektmodell von IBM. Wird von OpenDoc verwendet.

Stub Ein kleines binäres Programmstück, welches in den Prozeßraum vom Server geladen wird, eingepackte RPC Pakete vom Proxy entgegennimmt und aufgrund dieser dann die notwendigen Methoden des Servers aufruft.

Type Library Ein binäres Objekt, welches Informationen über bestimmte Klassen und Interfaces enthält. Sie wird benötigt, um bei Werkzeugen wie z.B. bei Visual Basic Class ID, Interface ID und Information über Methoden zu erhalten.

Verbunddokument Ein Verbunddokument beinhaltet verschiedene Datentypen (z.B. Text, Graphik, Datenbankfelder), die in einer oder mehreren Datendateien abgelegt sind und mit Hilfe mehrerer, den Datentypen zugeordneten Softwareapplikationen eingelesen, bearbeitet, dargestellt und eventuell editiert und gespeichert werden können.

Verbunddokumentarchitektur Laufzeitumgebung und standardisierte Schnittstellen und Dienste, die es erlauben, Verbunddokumente in einer Verbunddokumentapplikation zu bearbeiten, die aus verschiedenen Softwareapplikationen, die Softwarekomponenten genannt werden, besteht. Diese integrieren sich in eine gemeinsame Benutzerschnittstelle und interagieren miteinander. Zusätzlich sollten gemeinsam von allen Softwarekomponenten benötigte Dienste von der Laufzeitumgebung gestellt werden. Die Softwarekomponenten sollten in sich abgeschlossen, wiederverwendbar und austauschbar sein.

22

14 Abbildungsverzeichnis

14 Abbildungsverzeichnis

15 Tabellenverzeichnis

Diplomarbeiten Agentur

Die Diplomarbeiten Agentur vermarktet seit 1996 erfolgreich
Wirtschaftsstudien, Diplomarbeiten, Magisterarbeiten, Dissertationen
und andere Studienabschlußarbeiten aller Fachbereiche und Hochschulen.

Seriosität, Professionalität und Exklusivität prägen unsere Leistungen:

- Kostenlose Aufnahme der Arbeiten in unser Lieferprogramm
- Faire Beteiligung an den Verkaufserlösen
- Autorinnen und Autoren können den Verkaufspreis selber festlegen
- Effizientes Marketing über viele Distributionskanäle
- Präsenz im Internet unter **http://www.diplom.de**
- Umfangreiches Angebot von mehreren tausend Arbeiten
- Großer Bekanntheitsgrad durch Fernsehen, Hörfunk und Printmedien

Setzen Sie sich mit uns in Verbindung:

Diplomarbeiten Agentur
Dipl. Kfm. Dipl. Hdl. Björn Bedey —
Dipl. Wi.-Ing. Martin Haschke ——
und Guido Meyer GbR ————

Hermannstal 119 k ————
22119 Hamburg ————

Fon: 040 / 655 99 20 ————
Fax: 040 / 655 99 222 ————

agentur@diplom.de ————
www.diplom.de ————

www.ingramcontent.com/pod-product-compliance
Lightning Source LLC
Chambersburg PA
CBHW031222050326
40689CB00009B/1439